以思想为圆橹

商务印书馆（杭州）有限公司出品

07 | 社会思想丛书
刘 东 主编

# Kant, Duty and Moral Worth

# 康德、义务与道德价值

〔英〕菲利普·斯特拉顿－莱克（Philip Stratton-Lake） 著
钟世文 译

Philip Stratton-Lake

**Kant, Duty and Moral Worth**

**1st Edition**

© 2000 Philip Stratton-Lake

原书 ISBN：9780415335577

本书根据卢德里奇出版公司 2000 年版译出

Authorised translation from the English language edition published by Routledge, a member of the Taylor & Francis Group

**ALL RIGHTS RESERVED**

本书原版由泰勒·弗朗西斯出版集团旗下卢德里奇出版公司出版，并经其授权翻译出版。版权所有，侵权必究。

The Commercial Press is authorized to publish and distribute exclusively the Chinese (Simplified Characters) language edition. This edition is authorized for sale throughout Mainland of China. No part of the publication may be reproduced or distributed by any means, or stored in a database or retrieval system, without the prior written permission of the publisher.

本书中文简体翻译版授权由商务印书馆独家出版，并仅限在中国大陆地区销售。未经出版者书面许可，不得以任何方式复制或发行本书的任何部分。

Copies of this book sold without a Taylor & Francis sticker on the cover are unauthorized and illegal.

如果本书的封面没有粘贴泰勒·弗朗西斯公司的标签，则为未经授权的非法版本。

# 总　序

刘　东

就这套丛书的涉及范围而言，一直牵动自己相关思绪的，有着下述三根连续旋转的主轴。

第一根不断旋转的主轴，围绕着"我思"与"他思"的关系。照我看来，夫子所讲的"学而不思则罔，思而不学则殆"，正是在人类思想的进取过程中，喻指着这种相互支撑的关系。也就是说，一副头脑之"学而时习"的过程，正是它不断汲取"他思"的过程，因为在那些语言文字中结晶的，也正是别人先前进行过的思考；而正是在这种反复汲取中，这副头脑才能谋取相应的装备，以期获得最起码的"我思"能力。可反过来讲，一旦具备了这样的思考力，并且通过卓有成效的运思，开辟了前所未有的新颖结论，就同样要付诸语言文字，再把这样的"我思"给传达出来，转而又对他人构成了"他思"。——事实上，在人类的知识与思想成长中，这种不断自反的、反复回馈的旋转，表征着一种最基本的"主体间性"，而且，也正是这种跨越"代际"的"主体间性",支撑起了我们所属的文明进程。

正因为这个缘故,思想者虽则总是需要独处,总是怕被外来的干扰给打断,可他们默默进行的思考,从来都不是孤独的事情,从来都不属于个人的事业。恰恰相反,所有的"我思"都无一例外地要在交互的思考中谋求发展,要经由对于"他思"的潜心阅读,借助于周而复始的"对话性",来挑战、扩充和突破心智的边界。正因如此,虽然有位朋友好意地劝我说,"五十岁之后,就要做减法",可我却很难领受这类的告诫。毕竟,我心里还有句更要紧的话,那正是夫子就此又说过的:"朝闻道,夕死可矣。"——有了这种杜鹃啼血的心劲儿,就不要说才刚活到五十岁了,纵是又活到了六十岁、七十岁,也照样会不稍松懈地"做加法",以推进"我思"与"他思"的继续交融。

这意味着,越是活到了治学的后半段,就越是需要更为广博的阅读和更为周备的思虑,来把境界提升得更为高远。事实上,正是出于这种内在的企求,自己多少年来的夜读才得以支撑,以便向知识的边界不断探险。因此,跟朋友对于自己的告诫不同,我倒是这样告诫自己的学生:"为什么文科要分为文学、史学、哲学,和经济学、政治学、法学,还有社会学、人类学,乃至语言学、心理学、人文地理学?本是因为人类的事务原是整体,而人类的知识只能分工前进。这样一来,到最后你们才能明白,在所有那些学科中间,你只要是少懂得一个,就势必缺乏一个必要的视角,而且很可能就是那种缺乏,让你不可能产生大智慧。"

接下来,第二根连续旋转的主轴,则围绕着"个人阅读"与"公共阅读"的关系。自从参与了"走向未来丛书"和"文化:中国与世界"丛书,乃至创办了"海外中国研究丛书"和"人文与社会译丛",我就一直热衷于这种公共的推介。——这或许与自己的天性有关,即天生就热衷于"野人献曝",从本性上就看不惯"藏着掖着":"以前信口闲聊的时候,曾经参照着王国维的治学三境界,也对照着长年来目睹之怪现状,讲过自己所看到的治学三境界……而我所戏言的三种情况,作为一种不太精确的借用,却在喻指每况愈下的三境界,而分别属于'普度众生'的大乘佛教、'自求解脱'的小乘佛教和'秘不示人'的密宗佛教。"(刘东:《长达三十年的学术助跑》)

不过,这个比喻也有"跛足"之处,因为我在价值的选择方面,从来都没有倾向过佛老。因此,又要把这第二主轴转述一下,将它表达为纯正的儒家话语。一方面,如果从脑化学的角度来看,完全可以把我们从事的教育,看成"催化"着乐感元素的"合成":"先要在自由研讨的氛围中,通过飞翔的联想、激情的抗辩、同情的理解,和道义的关怀,逐渐培训出心理学上的变化,使学生在高度紧张的研讨中,自然从自己的大脑皮层,获得一种乐不可支的奖励。只有这样的心理机制,才会变化他们的气质,让他们终其一生都乐学悦学,从而不光把自己的做学问,看成报效祖国的严肃责任,还更把它看成安身立命的所在。"(刘东:《这里应是治学的乐土》)可另一方面,一旦拿到孟子的思想天平上,又马上就此逼出了这样的问答:"曰:'独乐乐,与人乐乐,孰乐?'曰:'不若与人。'曰:'与少乐乐,与众乐乐,孰乐?'曰:'不若与众。'"(《孟子·梁惠王下》)——这自然也就意味着,前面所讲的"个人"与"公共"的阅读,又正好对应着"独乐"与"众乐"的层次关系。

无论如何，只有经由对于一般学理的共享而熔铸出具有公共性的"阅读社群"，才能凝聚起基本的问题意识和奠定出起码的认同基础。缘此就更应认识到，正因为读书让我们如此地欢悦，就更不应只把它当成私人的享乐。事实上，任何有序发展的文明，乃至任何良性循环的社会，都先要来源和取决于这种"阅读社群"。缘此，作者和读者之间的关系，或者学者和公众的关系，就并不像寻常误以为的那般单向，似乎一切都来自思想的实验室，相反倒是相互支撑、彼此回馈的，——正如我曾在以往的论述中讲过的："一个较为平衡的知识生产体系，似应在空间上表现为层层扩大的同心圆。先由内涵较深的'学术界'居于核心位置，再依次扩展为外延较广的'知识界'及'文化界'，而此三者须靠持续反馈来不断寻求呼应和同构。所以，人文学术界并不生存和活跃于真空之中，它既要把自己的影响逐层向外扩散，也应从总体文化语境中汲取刺激或冲力，以期形成研究和实践间的良性互动。"（刘东：《社科院的自我理由》）

再接下来，第三根连续旋转的主轴，则毋宁是更苦痛和更沉重的，因为它围绕着"书斋生活"与"社会生活"的关系。事实上，也正是这根更加沉重的主轴，才赋予了这套丛书更为具体的特点。如果在上一回，自己于"人文与社会译丛"的总序中，已然是心怀苦痛地写到"如此嘈嘈切切鼓荡难平的心气，或不免受了世事的恶刺激"，那么，再目睹二十多年的沧桑剧变，自然更受到多少倍的"恶刺激"，而这心气便觉得更加"鼓荡难平"了。既然如此，虽说借助于前两根主轴，还是在跟大家分享阅读之乐，可一旦说到了这第三根主轴，自己的心也一下子就收紧了。无论如何，"书斋"与"社会"间的这种关联，以及由此所带来的、冲击着自己书房的深重危机感,都只能用忧虑、愤懑乃至无望来形容;而且,我之所以要再来创办"社会思想丛书",也正是因为想要有人能分担这方面的忧思。

歌德在他的《谈话录》中说过:"要想逃避这个世界,没有比艺术更可靠的途径;要想同世界结合,也没有比艺术更可靠的途径。"换个角度,如果我们拿"学术"来置换他所讲的"艺术",再拿"社会"来置换他所讲的"世界",也会得出一个大体相似的句子。也就是说,"做学问"跟"搞艺术"一样,既可以是超然出世、不食人间烟火的,也可以是切身入世、要救民于水火的。至于说到我自己,既然这颗心是由热血推动的,而非波澜不起、死气沉沉的古井,那么,即使大部分时间都已躲进了书斋,却还是做不到沉寂冷漠、忘情世事。恰恰相反,越是在外间感受到纷繁的困扰,回来后就越会煽旺阅读的欲望,——而且,这种阅读还越发地获得了定向,它作为一种尖锐而持久的介入,正好瞄准千疮百孔的社会,由此不是离人间世更遥远,反而是把注视焦点调得日益迫近了。

虽说九十年代以来的学术界,曾被我老师归结为"思想淡出,学术淡入",但我一直不愿苟同地认为,就算这不失为一种"现象描述",也绝对不属于什么"理性选择"。不管怎么说,留在我们身后的、曲曲弯弯的历史,不能被胡乱、僭妄地论证为理性。毕竟,正好相反,内心中藏有刚正不阿的理性,才至少保守住了修正历史的可能。正因为这样,不管历史中滚出了多少烟尘,我们都不能浑浑噩噩、和光同尘。——绝处逢生的是,一旦在心底守住了这样的底线,那么,"社会生活"也便从忧思与愤懑的根源,转而变成"书斋生活"中的、源源不断的灵感来源。也就是说，正是鼓荡在内心中的、无休无止的忧思，不仅跟当下的时间径直地连接了起来，也把过去与未来在畅想中对接了起来。事实上，这套丛书将稳步移译的那些著作，正是辉煌地焕发于这两极之间的；而读者们也将再次从中领悟到，正如"人文与社会译丛"的总序所说，不管在各种科目的共振与齐鸣中，交织着何等丰富而多样的音色，这种"社会思想"在整个的文科学术中，都绝对堪称最为响亮的"第一主题"。

最后要说的是，就算不在这里和盘地坦承，喜爱读书的朋友也应能想到，我的工作状态早已是满负荷了。可纵然如此，既然我已通过工作的转移，相应延长了自家的学术生涯，当然就该谋划更多的大计了。而恰逢此时，商务印书馆的朋友又热情地提出，要彼此建立"战略合作"的关系，遂使我首先构思了这套"社会思想丛书"。几十年来，编辑工作就是自己生命的一部分，我也从未抱怨过这只是在单向地"付出"，——正如我刚在一篇引言中写到的："如今虽已离开了清华学堂，可那个梁启超、王国维、陈寅恪工作过的地方，还是给我的生命增加了文化和历史厚度。即使只讲眼下这个'办刊'的任务——每当自己踏过学堂里的红地毯，走向位于走廊深处的那间办公室，最先看到的都准是静安先生，他就在那面墙上默默凝望着我；于是，我也会不由自主默念起来：这种编辑工作也未必只是'为人作嫁'吧？他当年不也编过《农学报》《教育世界》《国学丛刊》和《学术丛刊》吗？可这种学术上的忘我投入，终究并未耽误他的学业，反而可能帮他得以'学有大成'。"（《中国学术》第四十三辑卷首语）

的确，即使退一步说，既然这总是要求你读在前头，而且读得更广更多，那么至少根据我个人的经验，编辑就并不会耽误视界的拓宽、智慧的成长。不过，再来进一步说，这种承担又终究非关个人的抱负。远为重要的是，对于深层学理的潜心阅读、热烈研讨，寄寓着我们这个民族的全部未来。所以，只要中华民族尚有可堪期待的未来，就总要有一批能潜下心来的"读书种子"。——若没有这样的嗜书如命的"读书种子"，我们这个民族也就不可能指望还能拥有一茬又一茬的、足以遮阳庇荫的"读书大树"，并由此再连接起一片又一片的、足以改良水土的"文化密林"。

正所谓"独立不迁，岂不可喜兮……苏世独立，横而不流兮"。——唯愿任何有幸"坐拥书城"的学子，都能坚执"即一木犹可参天"的志念。

2022 年 12 月 16 日于浙江大学中西书院

献　给

琳达和阿莱克

目　录

致　谢　1
缩略词　2

导　论　3

1　做正确的事仅仅因为它是正确的　19
2　尊重和道德动机　49
3　出于对道德法则的尊重而行动　74
4　出于义务而行动的另一种解释　97
5　填充细节：罗斯的显见义务理论　125
6　论出于义务而行动的价值　148
7　建构主义，自主性和边界约束　178
8　结论：绝对普遍原则和情境敏感性　201

注　释　209
参考文献　233
索　引　241

# 致　谢

与乔纳森·丹西（Jonathan Dancy）的讨论，极大地影响了我对本书所涉问题的思考。尽管从未成功说服我完全相信特殊主义，但他却以诸多我不愿意承认的方式形塑了我在道德哲学上的观点。

非常感谢基尔大学和圣安德鲁斯大学哲学系，分别就第一章和第二章的初稿组织了大有裨益的讨论；同时也要谢谢卢德里奇出版社的匿名评审提出的建设性批评意见。

# 缩略词

引文页码的标注遵循以下惯例：先给出皇家普鲁士科学院版《康德文集》相应卷集的页码，其后放上英文译本的页码。只在《纯粹理性批判》处引用了第一版（A）和第二版（B）的页码。

| | |
|---|---|
| Ak | *Gesammelte Schriften. Königlich Preußischen Akademie der Wissenschaften*, ed. de Greuter: Berlin, 1922.（《康德文集》，皇家普鲁士科学院版） |
| CPR | *Critique of Pure Reason*, N. Kemp Smith, Basingstoke, Macmillan, 1985.（《纯粹理性批判》） |
| CPrR | *Critique of Practical Reason*, trans. L. W. Beck, New York, Macmillan, 1956.（《实践理性批判》） |
| Gr | *Groundwork of the Metaphysics of Morals*, trans. H. J. Paton, New York, Harper and Row, 1964.（《道德形而上学奠基》） |
| MM | *Metaphysics of Morals*, trans. M. Gregor, Cambridge, Cambridge University Press, 1991.（《道德形而上学》） |
| Rel | *Religion Within the Limits of Reason Alone*, trans. T. M. Greene and H. H. Hudson, New York, Harper, 1960.（《单纯理性限度内的宗教》） |

# 导　论

## 背　景

从我第一次阅读康德的道德哲学开始，他的一个主张便给我留下了深刻的印象：只有出于义务的行动才具有道德价值，任何出于倾向动机的行动则无法被赋予道德价值。无论是那时还是现在，在我看来这一主张都揭示出一个关于行动的道德动机和道德价值的深刻真理。但是，这一主张与另一个在我看来十分正确的观点并不融洽，即我应该履行某些行为，这一事实并不是我履行这些行为的理由。如果某个行为应当被履行，那么履行该行为的理由应该是这一行为应当被履行的理由，而应当履行该行为这一事实不能成为这一行为应当被履行的理由。[1]

乍看之下，这两种观点之间似乎存在着冲突。如果某些行动是我们的义务这一事实并非我们履行该行为的理由，那么康德的观点，只有出于义务的行动才具有道德价值，如何可能是正确的呢？很显然，我并不想得出这样一种荒谬的观点：道德上好的行动是那些没有任何理由的行动。但是，康德对于道德价值的解释，加上这种观点，即我们应该做某事的事实并没有向我们提供履行这些行为的理由，使我难以避免上述荒谬的结论。诚然，我可以放弃康德对道德价值的解释，或者放弃我的信念——那些比较"薄"的义务性词语，比如"义务""应当"或者"应该"，没有给予我们理由——但这二者在我看来确实都是正确的。那么唯一的解决方式就是仔细研究康德的道德价值理论，探究"出于义务而行动"这一概念能否用另外一种方式来理解，而这种理解方式不会产生上述荒谬的结论。这正是我撰写本书的初衷。

我期望解决上述困境，同时呈现对康德观点的理性重构，而这一重构将吸引康德主义者以及对康德的道德理论心存怀疑者。这意味着我要在一个此前鲜少论及的框架中讨论康德对道德价值的理解，这个框架由如下内容构成：对具体个人的关切，道德上的正确和善的区分，规范性理由和动机性理由的区分，以及我称作证据性道德考量和裁决性道德考量的区分。[2] 通过这样一种方式考察康德的道德理论，或许在一些人看来是不恰当的。他们可能会认为，将一些外部的概念、区分和关切引入康德的思想是一个错误。而我恰恰认为，颠倒过来才是正确的做法。在为康德的道德理论进行辩护时，仅仅使用他工作框架内的概念和区分是错误的。这是一种哲学上的狭隘。这种做法之所以难以令人满意，是因为许多我们想要探究以及应该探究的问题，难以用康德的术语进行清晰的描述。我相信，只有使用上述区分，这些问题才能得到清晰的陈述。

此外，虽然康德并不关心具体的特殊情况，但我认为这是伦理学中一个重要的关切。亚里士多德主义者所犯的错误并非关注具体的特殊考量，而是他们实现这一目的的方式——把严格的普遍原则在道德思想中必须扮演的角色排除在外。不过，关注抽象原则而忽视具体的特殊情况所具有的重要作用，同样是一种片面的看法。我认为，关键在于解决所谓的特殊主义和普遍主义的二律背反，即仅仅关注具体特殊情况和仅仅关注抽象普遍原则之间的矛盾。我认为并不存在什么亚里士多德式的伦理学和康德式的伦理学，这种说法就好似这些不同的理论描述了不同的现象一般。真正存在的只有伦理学，以及使它得以系统化的康德式方法和亚里士多德式方法。因此，对于那些认为我把康德的理论放到了一个它不需要处理的标准之下，从而断言我的做法不恰当的人，我的回应很简单，当康德的理论服从这些标准时，他的理论能够而且也应该保持其合理性。

## 论证总结

我想要吸引的是一般意义上的道德哲学家，而不仅仅是康德式的道德哲学家，所以大部分时候我都试图避免嵌入过多的对康德文本细节性的解读，以及由此产生的具体的学术上的担忧。我试图关注的焦点是，我认为康德所得出的结论。唯一例外的是第二章，我在这一章大篇幅地介绍了康德讨论道德感受与道德动机的关系时所阐述的诸多不同。存在这一例外，并不是因为我在尝试解决康德那些令人深感困惑的解读时可以获得某些扭曲的快感（但也不得不承认，我确实得到了），而是因为我认为解决这一特定的解读问题能够引出许多重要的且有意思的问题——道德动机中我们的情绪和认知的关系。我们对自己应当做什么的认知与我们的道德感受之间具有什么样的联系？道德感受的本质是什么？它与这一认知的联系仅仅是偶然的吗？如果这些心理状态之间存在必然的联系，为什么会这样？道德感受与道德动机之间又有着怎样的联系？我认为仔细研究康德在讨论道德感受（敬重）、对道德法则的意识以及道德动机时提出的那些看似矛盾的观点，能够让我们提出这些重要的问题，同时也能够为这些问题提供一些有意思的回答。

第一章和第二章得出的结论是消极性的。在这两章中，我摒弃了两种不同的理解"出于义务而行动"的方式。但这些批判性的章节是必要的，我所否定的这两种理解是对康德"出于义务而行动"最常见的解读，所以需要用一定的篇幅来说明它们的不足之处。

在第一章中，我论证了"我应当做 Φ 这一事实，并不是我做 Φ 的理由"，讨论并最终拒绝了约翰·麦克道威尔（John McDowell）对这一主张的论证，代之以一个新的论证——基于我所称的"对称性论题"（symmetry thesis）。根据对称性论题，在恰当的条件下，[3] 一个道德上善的人履行她应做之事的原因与其应做某事的原因是一致的。为了维持道德与理性之间内在的联系，康德需要对称性论题这样的东西，因为，如若道德和理性之间存在内在的联系，那么道德上善的人必定，至少是倾向于履行那些他们应该履行的行为，而这一倾向基于他们具有应当如此行动的理由。然而，如果接受了对称性论题，我们就不得不放弃：一个道德上善的人会仅仅因为某些行为是正确的而履行这些行为。因为这个观点暗示了一个明显有误的想法——说明某个行动是正确的（规范性）理由为该行动是正确的。我主张，避免这一问题的最好办法不是放弃对称性论题，或者放弃道德上善的行动就是出于义务的行动这一观点，而是放弃对出于义务而行动的标准解释。

如果应当做某事这一事实不是履行该行为的原因，那么想要避免将一个荒谬的观点归于康德，我们就不能用最自然的方式来理解出于义务而行动，即我们之所以履行（我们认为）正确的行为仅仅是因为（我们认为）这些行为是正确的。[4] 如何理解出于义务而行动呢？理解康德所说的出于义务而行动的另一种最自然的方式，就是把它看作出于对道德法则的尊重而行动。但这使得道德上善的行动看起来似乎不是由道德法则本身激发的，而是被一种感受激发的，导致这种感受的是对道德法则的意识，而这种感受也就是尊重或者敬重。我在第二章论证了尊重最好被看作一种复合的心理状态。它包含了认知的和情感的方面。认知的方面是指我们对道德法则的意识；情感的方面则是指伴随这些意识的感受。我用"敬重"（reverence）来指代这种感受，用"尊重"（respect）来指代包含了这种感受（敬重）和对道德法则的意识的复合心理状态。那么接下来的问题在于，尊重的这两个方面是如何联系起来的。我论证了对道德法则的意识与敬重的感受之间并不存在因果性的联系，但敬重是我们意识到道德法则的一种方式，也即尊重是对"处于无条件法则之下"这一状态的敬畏意识。现在，如果我们以这种方式来理解尊重，就不必再将出于对道德法则的尊重而行动理解为是出于某种特定感受（敬重）的，而可以理解为是出于一种特定认知状态的，这种认知状态也就是我们对道德法则的敬畏意识。

但这并不是故事的结局。因为对出于义务而行动的这一解读，虽然可以避免道德上善的行动是由某种特定的感受激发的，但这些行动看起来仍然是由某种心理状态——我们对道德法则的敬畏意识——激发的。这一说法之所以成问题，是因为康德经常说道德法则本身，而不是对其的尊重，才是唯一的道德动机。[5]当然，我们必须意识到道德法则，因为它要成为我们行动的理由，而这就是敬畏意识。但是，对康德而言，这一意识并不是唯一的道德动机，道德动机是其内容——道德法则。如何才能使这一主张和他的另一个主张，也就是对道德法则的尊重是唯一的道德动机相一致？我认为，如果我们注意到康德把道德法则描述成道德行动中意志的客观决定项，把尊重描述成主观决定项，那么这一问题就能得到解决。我将论证，这说明道德法则是道德动机，而尊重是道德上被激发的状态。我认为，通过这种方式，我们可以囊括康德所说的关于尊重和道德动机的所有东西。

在第三章，我将开始考虑对"仅仅出于义务而行动"的这一解读，并论证我们应该拒绝它。因为用这种方式考虑道德上善的行动，就是主张道德上善的人在有利的条件下，会仅仅出于对他们准则（maxim）的想法而被激发去做那些他们应该做的事（无论准则能否被普遍化，或者它的矛盾能否被普遍化），这意味着善良的人无法因为想到他人需要帮助而在应该帮助他人时施以援手。我集中考察了处理这一反驳的方法，并摒弃了这些做法。既然出于义务而行动的概念意味着道德上善的人无法因为想到他人的需求而被激发去帮助他人，我认为，我们应该拒绝"出于义务而行动"的这一解释。

然而，如果我们拒绝了"出于义务而行动"的这一解释，就必须同时拒绝我所谓的道德法则的辩护性概念。根据辩护性概念，道德法则构成了我们为什么应当按照特定方式行动的规范性理由，换言之，它构成了规范性的道德理由。这是由于对称性论题。根据该论题，一个道德上善的人做她应当做的事的（动机性）理由与她应当如此行动的（规范性）理由相同，反过来也是一样的。因此，如果一个善良的人仅仅因为她持有的准则具有法则性本质而应当做某事，那么她只会被这一考量激发而行动。因此，通过简单地应用否定后件推理可以看到，如果我们否认了这个观点，即"出于义务而行动"意味着人们之所以做出某些行动，仅仅是因为矛盾的行为的准则不能被没有矛盾地普遍化，也就必须拒绝道德法则的辩护性概念。

但是，道德法则如果没有承担我们为什么应当用这种方式行动的规范性理由，那么它扮演了什么样的角色呢？在第四章中，我论证了它的两种角色：第一种，也是最重要的一种，就是超验性的角色；第二种，则是标准性的角色。认为道德法则扮演了一种超验性的角色，就是把它看作道德义务可能性的终极条件。康德认为我们所服从的道德经验中蕴含的那种实践必然性无法通过意志的任何对象或者自然的法则得到解释，而必须通过说明某个行为符合法则的形式。只有通过这种方式，道德义务所包含的独特的必然性才成为可能，因为只有符合了普遍性的纯粹概念，某些特定行为才能获得所要求的那种严格的普遍性，从而解释其无条件的必要性。

在标准性的角色中，道德法则是一种标准，通过这种标准我们可以检查我们的裁决性的道德判断，也就是我们应当或者不应当如此行动的判断。如果那些被我们判断为正确的行动的准则，能够被意愿为普遍的法则而不产生矛盾，这就给了我们相信自己判断得正确的理由。

如果我们判定某些行为是错误的，因为其准则无法被意愿为普遍的法则，那就给予了我们理由去相信这个裁决性的判断是正确的。

道德法则的标准性角色很容易与辩护性概念混淆，但它们应该被区分开来。按照标准性概念，道德法则并没有告诉我们为什么应该按照特定的方式行动，而仅仅给予我们理由来相信我们应当如此行动。根据其标准性角色，道德法则给予我们某些特定种类的知识性理由，而其辩护性角色给予我们的是实践性理由；虽然我们应当如此行动的理由应该能够成为我们相信我们应当如此行动的理由，反过来却并不成立。因此，我们能够对道德法则采取一种标准性的概念，并拒绝辩护性的概念。

在第四章中，我同时勾勒了我所偏好的、另一种"出于义务而行动"的概念。我利用芭芭拉·赫尔曼（Barbara Herman）及马西娅·巴伦（Marcia Baron）在主要动机和次级动机之间所做出的区分来实现这一点。一个人的主要动机是行动者如此行动的理由。它所具有的内容是行动者会援引支持其行动的考量。一个人次级的动机表达了行动者一些一般性的承诺，也就是在这样的条件下，她将其主要动机的内容中所体现的考量当作行动的理由。出于义务而行动是出于特定的动机结构而行动，该结构包含了独特的次级动机和主要动机。一个人的次级动机必须是对道德无条件的承诺。对道德的这种承诺并不是具有特定的欲望，而是当一个人判断其应当如此行动时，她认为自己就有足够的理由如此行动。对于道德上义务性的行为，一个人的主要动机与某个行为应当履行的规范性理由是一致的。因此，如果某人应当做 Φ 是因为她承诺了她会如此行动，那么她做 Φ 的主要动机则是"因

为她承诺了会做 Φ",并且伴随着她的次级动机——对道德无条件的承诺。如此一来,出于义务而行动并不仅仅是把"某人做出承诺"这一事实看成做 Φ 的理由,而是只要某人判断她应当做 Φ,她就会用这种方式来看待这一事实。

对称性论题意味着康德对道德价值的解释需要一种关于规范性道德理由的理论,但我对道德法则的辩护性概念的否认意味着并不存在这样一种理论,结果就是这样一种理论只能从外部获取。鉴于第三章所提出的对道德法则的辩护性概念的批评,关于规范性道德理由的理论必须允许环境中一些具体的考量,比如某些人需要帮助或者我做出承诺这样的事实,能被当作基本的规范性理由,从而使道德上善的人能被这些具体的事实激发去行动。在第五章中,我论证了罗斯(W. D. Ross)的显见义务(prima facie duties)理论满足这一要求。但基于理解这一理论典型的方式,它似乎根本就不能被看作一种规范性道德理由的理论。罗斯的显见义务原则通常被理解成一般来说我们应当做什么的具体说明,也就是表达一些一般但可覆盖的道德裁决。然而,一条告诉我们通常来说我们应当做 Φ 的原则并没有告诉我们做 Φ 的理由,并且,如果该原则被理解成表明了基本的道德考量,那再没什么能为它提供辩护了。因此,看起来罗斯的显见义务原则根本不能构成一种规范性理由的理论。这似乎意味着这一理论无法用来填补这个空缺——否认道德法则的辩护性概念之后,康德的道德价值理论所留下的。

我认为这一反驳基于对显见义务这一观念一种深深的误解。这一误解非常广泛,因而要花费一整章来澄清罗斯的理论。我考察了他所提供的几种解释，并论证他认为这些原则指明的不是一系列基本的、可覆盖的义务，而是一系列基本的规范性道德理由。但是，虽然这些原则指明了道德理由，它们自身却不是道德理由。它们自身最好被看作道德法则所具有的超验性角色。规范性的道德理由是那些符合这些原则的具体的、特定的考量，如果这些考量不遵循这些原则，且最终不遵循道德法则，那就不能成为道德理由，而这些原则本身并不是行动的道德理由。

如果我们接受了这一点，即罗斯的显见义务理论给予我们关于基本的规范性道德理由的理论，我们就可以利用这一理论来填补康德的道德理论所留下的空缺——拒斥道德法则的辩护性概念后所留下的。当有了规范性道德理由的这一理论之后，道德上善的行动者仅仅出于义务而行动就是把显见义务所指出的具体的、特殊的考量当作他们主要的动机。因此，如果他们应当做 Φ，并且这一义务的基础属于忠诚这一显见义务，那么有善良意志的行动者做 Φ 的主要动机是：因为她承诺了做 Φ（当然是受到对道德无条件承诺的次级动机支配的）。如果她应该做 Φ，并且这一义务的基础属于仁慈这一显见义务，那么当她出于义务而行动时，她做 Φ 的主要动机是他人需要帮助。这一说法符合道德上善的人——那些倾向于做义务上他们应该做的人——当他们应该帮助他人时会被激发去如此行动，动机是想到了这些人处于需要帮助的状态，而这也符合康德式的主张"只有出于义务的行动才有道德价值"。

在第六章，我讨论了为什么我们应该认同康德所说的只有出于义务的行动才具有道德价值，以及由多重因素决定的行动、仁慈的行为是否具有道德价值。我将论证义务是唯一的道德上善良的动机，因为只有这一动机与"出于正确而行动"的关系是非偶然的。与正确性之间非偶然的关系并不是指它能保证某人会做出正确的行动。没有动机能做到这一点。不同于此，与正确性之间非偶然的关系应该被理解为，当行动是正确的时，这种正确表达了行动者对做正确的事情的兴趣，而不是非道德的兴趣。

这一动机虽然表达了行动者对她的行动所具有的道德上的兴趣，但不足以支撑如下论点：没有倾向能具有道德价值，因为如果一个人基于直接的欲望（de dicto desire）去做正确的事，那么当她的行为是正确的时候，这种正确就表达了行动者对行为正确性的关心。因此，行动者的动机与其行为正确性之间不能仅仅是非偶然的关系，还必须是一种恰当的非偶然的方式，而这种恰当的方式就是对称性论题所指出的那种。而这也就排除了想要做正确事情的直接的欲望具有道德价值的可能性，因为行动者具有该欲望这一事实不能作为她道德上应当履行某些行为的规范性理由。

接下来我考察了由多重因素决定的行动。在我对"出于义务而行动"的解释中，一个行动是由多重因素决定的，当且仅当：

1. 某人的次级动机是对道德无条件的承诺；
2. 某人将会做 Φ（出于作为主要动机的倾向），在缺乏关于这一行动状态的任何道德判断时；
3. 在缺乏相应的倾向时，某人应当做 Φ 的规范性理由足够（在主要的层次上）促使其做 Φ；并且

4. 该行动同时由多种主要动机（义务的基础，以及倾向）彼此独立地决定，而不是由结合得良好的两个动机共同决定。

根据芭芭拉·赫尔曼的理论，我将论证：如果义务的基础在一种弱的意义上是充分的，那么在缺乏相应倾向的情况下某人会做 Φ；如果出现了一些对立的倾向，那么某人可能不会做 Φ。这一可能性足以表明完整的、由多重因素决定的动机结构与出于其而行动的正确性之间只是偶然的联系。因为具有这种动机结构的人是否做了正确的事情取决于道德行为的严格程度以及与他们利益的冲突程度。

如果我们考虑到一种更强意义上的义务基础的充分性，这一问题就能避免。按照这种更强的理解，义务的基础是充分的，是指一个行动者将会做 Φ，无论她有什么对立的倾向。但这种对充分性的强的解释过于严格了。因为某人的行为在一系列的环境中是否具有道德价值，取决于在那种环境下道德的基础能否激发她的行动，而不是更严苛的条件能否激发她的行动。如果有人因为某些行动可能会导致他们自己的毁灭而不再履行这些行为，我们很难基于这种原因否认他们的行为具有道德价值。所以我们需要一种相比之下，更弱的对多重因素决定的行为里的充分性的解释。但正如我们所见，这样理解的话，多重因素决定的行为就缺乏道德价值。

在这一章中，我最后处理的问题是仁慈的行为道德上能否为善。康德在《奠基》（《道德形而上学奠基》的省称）中清楚地认为它们可以是道德上善的。但是在《德性论》（*Doctrine of Virtue*）中他又做出了相反的判断，这是因为他在此主张的是不完全的义务，要求的是对准则的选择,而不是做出某些行动。既然仁慈是一种不完全的义务,这就意味着道德上不会要求我们做出仁慈的行为,而只须采取仁慈的准则。然而,如果仁慈的行为不是出于道德的要求,我们就不能有意识地出于义务而履行这些行为,它们也就没有了道德价值。

这在我看来是一种极度不合理的暗示。驱使康德这么做的一个原因似乎是他试图引入不完全义务上的自由度(latitude)。但要满足这种自由度并不一定要放弃仁慈的行为具有道德价值这一观点。我们只需要把不完全的义务看作是具有析取的(disjunctive)内容的,这种析取性存在于仁慈的义务和明确的仁慈的行为之间,即允许了这种自由度的存在。因为行动者可以在多种析取的特定义务之间做选择,并且只要她履行了其中任何一个义务,她就做了她应该做的。此外,行动者可以根据这一出于义务的析取性义务而行动,是因为她在主要层面上的动机来自她为什么应当按照这一析取性的义务而行动。既然这一满足自由度的方式允许我们保留仁慈的行为能够具有道德价值的观点,我主张,这种方式比康德在《德性论》中满足自由度的尝试更好。

在前述章节中,我论证了这种对道德价值的解释可以免受另两种我考虑过的解释的批评。但它可能面临另一重批评——与康德的道德理论其他一些重要的方面不一致,如建构主义,道德和自主性相互蕴含(互惠性论题),以及他对绝对边界约束的坚持。我在第七章处理了这些问题,论证了我对道德价值的解释与某种形式的建构主义是相容的。我承认在我的解释中,康德的建构主义并不占据其道德理论的核心地位,但我会论证为什么应该如此。对康德的批判哲学而言,重要的不是找到一种能让他人相信特定判断的方法(它们是关于外部世界的存在或者关于我们为什么应该有道德地行动的理论），而是表明获得某些东西（客观知识以及无条件的必要的行动）是可能的。道德法则的超验性角色对康德的道德哲学而言是最重要的，其建构性、评价性的角色是道德判断有益的助力，但它们对道德价值的解释而言并不重要。

我将论证我的解释与互惠性论题是一致的。一旦注意到康德区分自发性（spontaneity）和自主性（autonomy）的方式，我们就能看到这一点。简单来说，一个行动是自发的，意味着构成其动机的考量之所以能激发该行动，仅仅是因为其被整合到了行动者的准则当中，也就是说，如果是出于理由而行动，而不仅仅是因果上导致了某些行动，那它就是自发的行动。这就是基于自我给予的原则而行动的意思。如果一个行动是自发的，且其行动的理由并不来自行动者偶然具有的动机或者需求，而是来自纯粹的法则形式，那么该行动是自主的。只有通过这一方式，意志才能为自身立法。我对道德价值的解释与这种对自主性的理解是融洽的，因为具体的考量之所以能作为善的行为的主要动机，并不是因为它们对某些倾向而言是工具性的从而能获得力量成为理由，而是因为它们符合道德法则的超验性角色。在我的解释中，道德理由的规范性可以追溯到道德法则，但这种追溯沿着超验性而非辩护性的路线行进。

最后，我不试图符合康德对绝对边界约束的坚持，但会论证，与许多评论者指出的一样，我们最好把康德对这些约束的观点从他的道德理论中抽离出来。任务就在于，表明绝对命令程序的应用并不会产生康德所想的那种绝对边界约束。

## 特殊主义与原则

我认为这一修正的对康德道德价值的解释不仅能使之免于其他解释所面临的困难，也使我们既摆脱了不同形式的特殊主义和原则性的伦理学的对立，又摆脱了亚里士多德式和康德式伦理学的对立。特殊主义者否认存在任何普遍有效的道德原则，并且认为道德判断本就应当与环境相关。一些特殊主义者（如社群主义者）是相对主义者，但并非所有特殊主义者都是如此。[6]某人可以主张存在着客观的道德真理，但否认这些真理是由一系列没有例外的道德原则所确定的。客观主义的特殊论者通常主张某些行为应当被履行并不是因为它们符合某些原则，而是因为它们响应环境本质的特殊考量的呼吁。正是因为我们的义务由具体的特殊，而非抽象的原则决定，特殊主义者更倾向于亚里士多德主义，相应地，他们认为应该如何行动的决定最终取决于感知和判断。与此相对，康德主义则反对这一观点，他们认为没有道德原则的道德判断是武断的、任意的。

关于道德法则的辩护性概念，我支持特殊主义者。道德法则是我们为什么应当通过某些方式而行动的规范性理由，对此我一直深表怀疑，而近来才确信这一观点是错误的。我们应当信守承诺、实事求是和帮助他人等等的理由不管是什么，都不会是矛盾行为的准则无法被意愿为普遍的法则。我认为在这一问题上，那种质朴的、常识性的观点或多或少都是正确且详尽的，它们不需要得到"提升"，也不需要任何深奥的理论来使其可敬，在哲学讨论之外没有人会想要通过这些理论来支持他们的行为。我们应当帮助他人就是因为他们需要帮助，而不是出于其他理由。我们应该遵守承诺是因为我们做了这样的承诺，我们应该表达谢意是因为别人通过某种方式帮助了我们。这就是所有的理由。

如果是符合环境本质的具体的、特殊的考量产生了道德义务，那么道德上善的人会被这些考量激发，也会对这些考量具有敏感性。对道德法则和道德原则的辩护性概念的否认使得康德主义者能够认同特殊主义者和亚里士多德主义者对义务基础的解释，以及这一类考量将会激发好人。但这并不意味着他们必须放弃道德原则在道德中扮演了根本性角色，或者说道德法则是根本的道德原则。因为道德法则（moral law）和具体的道德规则（moral laws）是超验性的角色这一观点与特殊主义者关于义务的基础的观点，以及道德上善的人亚里士多德式的图景是相容的。通过区分道德原则不同的运作方式，我们能够超越特殊主义、亚里士多德主义与原则性的伦理学、康德主义的对立，使我们既可以承认独立双方的正确之处，也不至于削弱任何一个观点。这在我看来是一件值得欢迎的事情。

# 1

# 做正确的事仅仅因为它是正确的

## 导 论

对于康德而言,一个行动,当且仅当它是出于义务时,才具有道德价值。康德所谓"出于义务而行动",一种标准的理解是,做正确的事情仅仅因为它是正确的。[1] 尽管关于康德是否认为只有当我们的行为仅仅出于义务时才具有道德价值,以及出于义务而行动与倾向于做某人应该做的事是否相容存在争论,[2] 但它可以在"出于义务而行动"这一标准理解之内得到解决。

对道德价值的这一解释有两种常见的批评。第一种是休谟式的批评。主张一个人不能仅仅出于义务而行动,换言之,不能出于独立于任何欲望的义务而行动,因为对 X 的欲望是其被激发去做 X 的必要条件。这一类型的批评并不适用于所有"仅仅出于义务而行动"的概念,因为有些人所主张的是出于某种特定类型的欲望,[3] 或者相关的信念-欲望的组合而行动。[4] 尽管如此,"出于义务而行动"的观点在康德主义和认知主义的形式下，通常都会遭受这一种批评。第二种批评来自广义上可能划分为亚里士多德主义者或者美德伦理学家的人。他们对"仅仅出于义务而行动"的批评基于这一观点脱离了一种日常的关系，而这种脱离会使得我们排斥，或者至少是排除了我们会出于其他值得欲求的动机而行动。我并不是十分赞同休谟式的动机理论，[5] 这一话题已经获得了许多的关注，我不希望在此继续为它添砖加瓦。[6] 我会在回应后一种批评时，讨论一些相关的问题。因为本书的其中一个目的是表明，按照我所建议的方式来理解"出于义务而行动"，一些亚里士多德主义者担心的问题就可以在康德的框架中得到解决。但当下，我不想介入这个问题。

　　本章我想做的事情是，论证我们有充足的理由放弃对康德"出于义务而行动"这一观点的标准解释。因为用这种方式来解读康德，他将不能主张道德与理性之间存在着本质且直接的联系。这一点并不在于道德的要求是绝对命令还是假言命令；[7] 也不在于对自我利益与道德可能的冲突，或者道德考量是不是真正独立的理由的担忧，也就是它们能否真正构成理由，无论它们在行动者的利益当中能否被看作理由，或者是否有生存的价值，等等。尽管说明道德考量给予了行动者行动的理由比说明欲望或者自我利益给予了行动者行动的理由更困难，但我并不试图解决这一问题。我想要论证，康德所关注的特定的道德考量不能给予我们行动的理由。因为"我应当做Φ"的事实或者信念并不是做Φ的规范性理由。这并不是在否认"我有义务做Φ"与"我有理由，或者甚至有充足的理由做Φ"之间存在着内在的联系。因为如果某人把"我应当做Φ"分析为"我有充足的理由做Φ"，就像福尔克（W. D. Falk）所做的那样，[8] 就意味着无论什么时候，我应当做 Φ 都等于我有充足的理由做 Φ。我的主张仅仅是这一理由无法成为康德所设想的那种特定的道德考量（在我们所考察的那种对康德的解读之下）——我在道德上被要求做 Φ 这一事实。

我将首先概述约翰·麦克道威尔对这一结论的论证，并说明该论证为什么不成功。在接下来的部分，提供另一种不同的论证——基于我所称的"对称性论题"——来支持他的结论。然后通过回应那些被提出来反驳我观点的主张，进一步为该论证辩护。最后得出结论，如果按照通常的解读来理解康德所说的"出于义务而行动"，也即某人做应该做的事是因为他应该做，康德就不能抱持另一个观点，即道德与理性之间存在着本质并且直接的联系。

## 麦克道威尔的论证

据我所知，约翰·麦克道威尔是第一个质疑这一观点的人，也就是某人应当做某事这一事实可以成为做此事的理由。他不用义务这样的术语或者义务的思想来构造他的批评，而是用包含"应当"或者"应该"的主张。但他批评的对象是康德，因此他很显然没有区分"应当"和"义务"。一个包含"应当"的主张就是具有这样一种形式的陈述：x 应当做 Φ。包含应当的主张与具体的行动或者某些类型的行动相关。因此，它们能表达一个事实，即要么某人此时此刻应当做 Φ，要么某人一般来说应当做 Φ 这类的行为。不管是哪一种情况，麦克道威尔都认为，这些主张没有表达行动的理由。这与休谟的主张不同，休谟认为仅仅思想或者信念，本身具有惰性。相反，麦克道威尔的批评的背景是对休谟式论题的批评。他的主张基于这样一种观点，即"行动的理由必须包含一些恰当的、具体的考量，而这些考量原则上能被援引来支持包含'应该'的主张"。[9] 如果通过这种方式看待道德要求，他写道，我们将会免于

> 这样一种疯狂的观点，即简单地对某人说"你应该……"就足以给他行动的理由；当他反驳道"但我为何应该如此？"时，好像只需要回答"你就应该如此，这就是全部的理由"就足够了。[10]

麦克道威尔认为，包含应当的主张并不能支持或者辩护义务性的行为。但是，如果为该行为辩护的不是这一道德考量，那是什么呢？按照麦克道威尔的观点，是 A 被要求去履行该行为的理由（或多个理由）。不管这一理由是什么，它都不可能是（或者不包括）这一行为是道德所要求的这一事实。与此不同，是这一环境中那些具体的、特殊的考量呼吁了该行动，比如 B 需要帮助这一事实。A 没能成功看到她应当帮助 B 可能源自她没能看到 B 需要帮助。为了回应 A 的疑问，C 指出了这一事实，那么他就给她提供了一个帮助 B 的理由，因为他至少已经为他的主张，即她应当帮助 B，提供了一个显见的辩护。但如果仅仅只是继续坚持她应当履行该行为，那他并没有提供任何辩护。

麦克道威尔的论证似乎是这样的：

（1）如果 F 是我应当做 Φ 的规范性理由，那么在回答"我为什

么应当做 Φ"这一问题时，诉诸 F 回答这个问题的方式必须具有信息含量。

（2）如果 F 是"我应当做 Φ"这一事实，那么对"我为什么应当做 Φ"这一问题的回答就是"因为我应当做 Φ"。

（3）但这一回答是没有信息含量的。

因此，

（4）"我应当做 Φ"这一事实不能满足（1）中所陈述的要求。

所以，

（5）"我应当做 Φ"这一事实无法作为"我为什么应当做 Φ"的规范性理由。

这一论证是可行的，但就目前来看，它并没有充足的说服力。因为某人可以满足（1）中所陈述的要求表达出来的直觉，他可以通过某种方式使得包含应当的主张能够变成一种理由：

（1*）如果 F 对于我做 Φ 而言是一个规范性的理由，那么在回答"我有什么理由做 Φ？"这一问题时，诉诸 F 回答这个问题的方式必须具有信息含量。

"我应当做 Φ"这一事实可以满足这个要求。因为，虽说我应当做 Φ 是因为我应当做 Φ 这一说法不含任何信息，但"做 Φ 的规范性理由是我应当做 Φ"这一说法是有信息含量的。

有人或许会用以下方式来回应这一反驳。其可能主张，对于信念的理由，这种说法是正确的：

（RB）任何让我相信 P 的理由必须同时能够起到一个作用，即这个理由让我相信 P 是真的。

比如，如果过去三周民意调查的结果是我相信工党会赢得即将到来的选举的理由，那么这些结果必定可以成为我相信"工党真会赢得即将到来的选举"的理由。麦克道威尔也许会试图通过规范性理由与行动之间一个类似的原则来联结（1）与（1*）。这一原则如下所述：

（RA）我做 Φ 的任何理由必须能够同时起到这一作用，即它是"为什么做 Φ 是对的"的理由。

这一点若是对的，麦克道威尔就可以论证，如果"我应当做 Φ"这一事实可以成为我做 Φ 的理由，它不仅必定能满足（1*），还必定能满足（1）。但是，它虽能满足（1*），却不能满足（1）。结果就是，它不能成为我做 Φ 的理由，即使它能满足（1*）。

这一论证多大程度能成立取决于我们在多大程度上有理由相信（RA）。我们有什么理由相信（RA）是正确的呢？对此，唯一的论证似乎是，它是（RB）在实践上的类似物。但这并不充分，除非（RB）是正确的理由也适用于（RA）。如果不是的话，（RA）结构上与（RB）类似这一事实并不能给我们理由认为它是正确的。那么什么才是相信（RB）的理由呢？（RB）是正确的似乎有个非常简单的理由，即相信 P 等价于相信 P 是真的。正是出于这个原因，即任何相信 P 的理由都是相信 P 为真的理由。但是，（RA）中似乎并不存在类似的等价关系。我做 Φ 的行动并不等价于我的行动是正确的。我不能相信 P，除非我相信 P 是真的，但我可以做 Φ，即使 Φ 并不是正确的行为。因此，对（RA）而言并不存在类似于相信（RB）的理由。但如果没有这样的理由，在反驳那些相信"我应当做 Φ"这一事实可以成为我做 Φ 的理由的人时，很难说明（RA）如何能够不通过乞题的方式得到辩护。

有人可以利用菲利帕·福特（Philippa Foot）对裁决性和证据性道德考量做出的区分，[11] 来尝试重新组织麦克道威尔的论证。裁决性道德考量的内容是一些结论——关于某些行为义务性地位（deontological status）的实践推理的。它是对某些行为在道德上是否正确、错误或者可允许的整体裁决，不管是在某些特殊的还是一般性的环境中。另一方面，证据性的考量是那些支持但不构成整体道德裁决的考量。这些考量（如正确、公正、平等或者善的最大化）可能主要是用道德术语来表述的，但这不是必需的。[12] 某人正经历着痛苦或者沮丧，或许是证据性的道德考量，但并不是用明显的道德语言来表达的。通过这种说法，麦克道威尔能够被理解成主张包含"应当"的陈述是裁决性的但不是证据性的考量。持有一个包含应当的陈述是履行被要求的行为的理由，这也就是把整体性的道德裁决看作用来支持这一裁决的部分证据。但没有裁决构成支持它自身的证据，更不用说裁决不可以被看作自身唯一的证据。

这并不是说裁决性道德考量不能同时发挥证据性道德考量的功能。我应当做 Φ 的裁决同时也可以发挥证据的功能，支持"我应当做 Ψ"的裁决，比如，如果做 Φ 是我能做 Ψ 的唯一方式。但这改变不了任何东西。因为，虽然一个道德裁决可以发挥证据的功能来支持不同的道德裁决，但它并不能起到作为证据支持自己的作用。任何裁决，无一例外。

对于某人此时此刻应当做 Φ 这一裁决，有人可能会尝试用以下方式来支持：在特定类型的环境下，某人总是应当做 Φ 的这一主张，以及相信现在的环境就是相关类型的环境。也就是说，一个具体的裁决能被这个裁决一般化的版本支持。但这只是转移了视线。因为我们总是可以问任何包含应当的一般化的主张一个有意义的问题，即"在这一类环境下，我为什么总是应当按这种方式行动？"；而不能仅仅通过"因为在这一类的环境下，你总是应当按这种方式行动"来回答。相反，为了回答这个问题，我们必须援引一般类型的证据性道德考量，或者这样一些考量——在这些考量的基础上某人可以判断一般化的包含应当的主张是正确的。一旦走到了这一步，显然并不是一般化的道德裁决支持了某个具体的裁决，而是援引了一类证据性道德考量的实例来支持一般化的道德裁决。这让我们回到了问题伊始。

如果我们假设这些理由是可以用来支持一个信念的证据，通过考察信念与相信的理由这一类似的例子，麦克道威尔的论证路线就可以得到进一步的说明。我判断 P 为真这一事实不是我相信 P 的理由。因为 P 为真是一个裁决性的知识论上的考量，正如我已经提醒过的，裁决并不能构成支持其自身的证据。相反，相信 P 的理由将是判断 P 为真的理由，也就是，它们将是能够用来支持我的信念 P 的证据。不管这一证据是什么，它都将不会包含 P 是真的这一事实。因为我仅仅说 P 为真甚至不能解释我为什么相信 P，更别提向他人提供一个相信这一点的理由了。

有人也许会承认我应当做出某些行动的事实并不是履行这些行为的充分的理由，但主张它是必要的理由。因此，虽然我们可能必须拒绝对康德的这种解读，按照该解读，一个行动只有当它仅仅出于义务时才具有道德价值，但义务可以是一个规范性的理由。因此，也许可以反对——麦克道威尔"义务并不是履行道德要求的理由"的说法太过激进，他应该说"义务并不是充分的理由"。但如果没有裁决可以构成对自身的证据，那它既不能是作为支持自身唯一的理由，又不能成为支持自身的一个理由。目前为止，对麦克道威尔论证的解释看起来没有问题。

尽管如此，如前所述，他的论证并不足以支撑强的结论，即当某人做 Φ 仅仅是因为她应当做 Φ 时，她并没有出于理由而行动。因为，虽然这一裁决性道德考量无法用来支持它自己，但可以论证它能用来支持该行动，也就是，做 Φ 的行为。因为做 Φ 的行为本身并不是一个道德裁决；并且如果裁决与它支持的行为是不同的，那么或许可以认为前者能够用来辩护后者。此处所体现的思想是，证据性道德考量将支持裁决性道德考量，并且这一裁决性道德考量将转而支持去履行那些道德上要求的行为。如此理解，某人的道德裁决将不再是对自身的证据，而是履行所要求的行为。

因此，似乎没有哪种对麦克道威尔论证的想法能够成立。我现在准备提供一个论证来支持麦克道威尔的结论，并且可以绕开上述的反驳。

## 对称性论题

我的论证基于我所称的对称性论题。克里斯蒂娜·科斯嘉德（Christine Korsgaard）主张一种强的对称性论题，并声称康德在《奠基》的第一部分中假设了这一观点。她写道：

> 为了发现无条件善的行为的原则，康德正在分析善的意志，并将其描绘为这样一种意志：某人履行正确的行为因为它是正确的。这一分析背后的预设是，一个有善良意志的人做出一个行为的理由，与该行为正确的理由是相同的。有善良意志的人做正确的事情，因为这件事是正确的，因此如果我们能够发现有善良意志的人为什么做出该行为，事实上也就发现了为什么它是正确的。[13]

正如此处所说，对称性论题是这样一种主张：

（S）一个有善良意志的人做出一个行为的理由，与该行为正确的理由是相同的。

（S）是一个关于动机性理由和规范性理由之间关系的主张。它表达了这样一种思想：道德上善的人做 Φ 的动机性理由与规范性理由是一致的。但是，（S）的问题是它太强了。因为，正如科斯嘉德所描述的，对称性论题是错误的。只有当道德上善的人对于相关的事实（如证据性道德考量）从来没有错误的信念，并且永远不会忽视这些事实时，（S）才是正确的。但是，一个道德上具有美德的行动者，这一概念并不意味着她对相关事实的知识不会出错，或者她将从不忽略这些相关的事实。某人可能具有完美的品格，然而她被激发去做某事可能是因为她想到了某些非理由之外的东西，从而认为自己应该如此；而这可能是因为她忽视了某些相关的事实。比如，她可能由于认为某人头痛，且头痛令人不愉快，而为他提供一片阿司匹林。但他表现出的痛苦，可能是由耳痛而非头痛导致的。在这一情况下，我们无法主张她应该给他阿司匹林的理由是他头痛，且这是令人不愉快的。因为头痛的确是令人不快的，但他并没有头痛。那么，这就不能成为她应当给他阿司匹林的理由。所以，我们应该否认这一强对称性论题。

但是，我们可以修正这一论点，使之照顾到上述批评。根据以下更弱版本的对称性论题，

（S1）一个有善良意志的人做出某行为的理由，与该行为正确的理由相同，如果她知道相关的事实。[14]

这回应了对（S）的反驳。因为这一困难来自对特定环境下相关事实的忽视，也就是他人耳痛。这些相关的事实是证据性道德考量，比如某人处于痛苦之中，或者某种特定类型的行为能够带来福利的公正分

配。但是，这并不包括"这些事实构成为什么做 Φ 是道德上正确的"。纳入这一点，就会存在使对称性论题过于琐碎、无意义的风险。因此，我认为"相关的事实"指的是"某人为什么应该做 Φ"，而不是"这些考量是做 Φ 的理由"。

即使（S1）较之（S）表达了一个更弱版本的对称性论题，但它仍然可能被认为太强了。因为，即使一个有美德的人知道相关的事实，有时候，她行动的理由可能也并不是"她的行为是正确的"。一个道德上善的人偶尔会意志软弱，因此她应当做 Φ 的理由或者对此的想法都不足以促使她做 Φ。在这样的条件下，即使知道相关的事实，她也可能会被其他的考量激发去做 Φ，而不是她有义务做 Φ 这一考量。此外，一个有善良意志的人的判断可能并不总是善的。她也许知道相关的事实，也就是证据性道德考量，但仍相信是其他的一些考量促使她的行为在道德上是正确的。这意味着她可能做 Φ 的理由并不是她应当做 Φ 的理由，即使她知道相关的事实。

尽管我认为这些对道德上善的人而言是真实存在的可能性，但如果康德被认为是相信道德与理性之间存在着本质和直接的联系的，那他就需要（S1）这样的论点。因为，如果一个有善良意志的人有可能系统性地出于其他理由而不是她应该做此事的理由而做她应该做的事，那就很难了解这样的联系如何得以维系。[15] 换一种说法：如果一个行为在道德上为善的理由与应该做出该行为的理由能够通过一种系统性的方式分离开来，那就很难明白这样的联系如何得以维系。如果否认一些版本的对称性论题，或许有人就会主张道德与理性之间存在偶然或者间接的联系。但这不符合康德的意愿。因此，需要一种比（S）

和（S1）更弱，却仍坚持道德上善的人的动机性理由和规范性理由之间存在某种形式的对称性论题。这一点可以通过以下版本实现：

> （S2）一个道德上善的人倾向于被她应当如此行动的规范性理由激发去做她应当做的事。

一个道德上善的人倾向于被她应当如此行动的规范性理由激发去做她应当做的事，就是在说，如果特定的条件得到满足，她就会被激发去如此行动。换句话说，这一想法可以表述为，如果她没能被激发，那是因为有些条件没能得到满足。那么这些条件是什么呢？可以分为三类：知识的，实践合理性的，以及能力的。其中有两个条件属于第一类，它们是（a）她知道相关的事实，以及（b）她的判断是善的。实践合理性的条件旨在排除实践理性的失败，比如意志软弱。因此，如果一个有善良意志的人没能出于"做 Φ 是对的"的规范性理由而做 Φ，那要么是因为某些形式的无知，要么是因为实践理性的崩溃。

这些是没什么争议的条件。更具争议的是被我称作能力的条件。这一条件是她能够出于"它为什么是正确的"的规范性理由而做正确的事。需要加上这一条件来涵盖以下可能性[16]：设想在一个世界里存在着一个全能的恶魔，他的目的是阻止善良的人根据她们应该如此行动的规范性理由而行动，即使知识和合理性的条件都已得到满足。他实现这一目标的方式是，如果一个善良的人曾出于她应该如此行动的规范性理由而行动，他会将该行为变成错误的行为，并且告诉她们。因此，每一个善良的人都知道她不能出于该事是正确的规范性理由而做正确的事。因为她们知道，如果是受这种方式激发的，那么她们的行为会变成道德上错误的行为。只有这种条件下的可能性才使得能力的条件成为必要的。

有人可能会回应说这一条件是非必要的，因为它已经被知识的条件覆盖了。因为，如果一个有善良意志的行动者出于她所认为的做 Φ 正确的规范性理由而做 Φ，恶魔就会让做 Φ 变成是错误的。那么她所认为的"为什么应当做 Φ 是正确的"规范性理由就不再是这样的理由了。因为如果做 Φ 是错误的，就没有什么能成为做 Φ 是正确的理由了。那么她所持有的"这些考量是道德理由"的信念就是错误的，并且知识的条件也没有得到满足。

但现在考虑的这种可能性并不会让善良的人无法知晓，或者相信做 Φ 是正确的，或者甚至无法知晓它为什么是正确的。因为她能知道 F 是她应当做 Φ 的理由，即使她没有被 F 激发；并且她能知道做 Φ 是正确的，即使她没有被 F 激发去做。因此，这并不会使得这些人无法知晓相关的事实，或者正确判断某些证据性道德考量是她应该做 Φ 的规范性理由。使之成为不可能的是善良的人无法出于该行为正确的理由而做正确的行为。因为如果她出于这些理由而行动，恶魔就会使得她所做的在事实上错误。

一个全能的存在能够使得一个错误的行为变得正确吗？这取决于某人认为一个行为的正确或者错误多大程度上依赖环境。假设我向 A 承诺了我会做 Φ，那么做 Φ 就是做正确的事。恶魔能否让这一行为变成是错误的，取决于该行为的正确性是否还需要服从其他条件相等的要求。某人不需要是一个后果主义者，从而认为如果我遵守承诺会给无辜的人造成糟糕的痛苦，这就是一个错误的行为。但这是全能的恶魔所需要的让这一行为变得错误的全部条件，假使他选择这样做。因为只有善良的人出于某行为正确的规范性理由而行动时，他才会引入这些糟糕后果。如果行动者出于其他理由而行动，这些后果就不会出现，并且遵守承诺的行为就是所要做的正确的事情。

康德或者康德主义者是否会接受这种其他条件相等的要求尚不明确。因为遵守某人的承诺——就像说真话那样——对康德而言是完全的义务，而这不允许任何例外。[17] 如果遵守承诺在所有情况下都是正确的，其他条件相等的要求将不再适用，那么即使恶魔是全能的，他也不能使之变成错误的行为。[18] 但许多康德主义者试图主张康德并没有承诺这一极端的观点，并且论证有时候撒谎或者打破承诺是对的——比如，对凶手说谎以拯救潜在被害人的生命是对的。[19] 但即使那些坚持这一行为是一种绝对禁令的人，也并不相信所有的行为都是绝对禁止的。比如，属于不完全的义务的行为就是服从其他条件相等的要求的行为。并且这一类别的行为使得能力条件成为必要的。

但无论某人是否认为能力条件需要被嵌入倾向，引入这样一种倾向的概念，即出于某事为什么是对的而做正确的事，都能够解决反驳（S1）的困难，同时也不需要放弃对称性论题背后的思想。因为道德与理性之间假使存在本质且直接的联系，并且某人是一个有道德的人，那她至少必须倾向于被激发去做 Φ，而激发她的理由就是她应当做 Φ 的规范性理由。如果某人甚至没有履行该行为的倾向，我们必定会说此人并不是一个道德上善良的人。

问题在于，如果某人接受了任何形式的对称性论题（这是坚持道德与理性之间存在本质且直接联系的人必须接受的），而对康德出于义务而行动的解读又与科斯嘉德以及其他人一样，此人就无法说明道德和理性之间存在任何联系。因为，如果有**善良意志**的行动者倾向去做正确的事情，而行动的理由是该事正确的规范性理由，并且该行动者做了或者倾向于做正确的事因为该事是正确的，这意味着这些行为是对的因为它们是对的，也就是说，它们正确的规范性理由在于它们是正确的。但这不可能是对的。无论什么使得一个行为成为义务，它都不会是该行为是义务这一事实。正如让人们开心的不会是他们是开心的这一事实，而是其他事实（如他们在阅读一部好书，或者在观看一场精彩的足球比赛，或者其他这样的事实），因此，行为不会因为它们是义务这一事实而使之成为义务。[20] 无论一个人认为什么使得一些行动变成义务，都取决于他所持有的道德理论：后果主义者（那些非分析性后果主义者）主张是行动产生的良好结果，而义务论者（比如罗斯）主张并不存在单一的证据性道德考量让行为在道德上正确。但是，无论一个人对于哪种类型的考量能产生义务持有什么观点，没有人会严肃地主张行动在道德上是正确的，因为它们在道德上是正确的；而鉴于各种形式的对称性论题，康德似乎承诺了这一奇怪的观点。因此，如果康德认为道德与理性之间存在着本质且直接的联系，而同时这一论点又会歪曲道德上善的人一想到这是义务就将被激发去做她应该做的事，那么某些形式的对称性论题是必需的。

这样一种主张，即既不是我们应当做 Φ 的事实，也不是我们应当如此的信念能够成为我们做 Φ 的规范性理由，没有让我们承诺这样一种观点：道德考量并不是理由。这一结果只有在不区分证据性道德考量和裁决性道德考量时才会出现。而我所拒斥的是，裁决性道德考量就是我们按照这种裁决去行动的理由。我并没有否认证据性道德考量（即对权利、公平、良好的结果、承诺等的考量）是按照它们所支持的那种道德裁决去行动的理由。我所说的一切都没有质疑证据性道德考量是理由这一观点。我甚至也没有否认裁决性道德考量可以支持不同的裁决。我应当做 Φ 的事实可以成为做 Ψ 的理由，但不是做 Φ 的理由。

## 规范性理由与动机性理由的区别

既然对称性论题造成了这一困难，就可能会有人试图攻击它，以此捍卫我们所讨论的那种康德式的对道德动机的解释。有人可能会论证任何形式的对称性论题都是不正确的，因为一些行动为什么是道德要求的理由不可能等同于道德上善的人履行该行为的理由。[21] 有人可能会认为某人应当做出某些行为，比如帮助有需要的人仅仅是因为他们需要帮助这一事实；但并不认为这一事实可能成为任何人行动的理由，因为动机性的理由本质上与辩护性的理由分属不同的类型。动机性的理由是心理状态（psychological states），比如信念或者欲望。但不是这些心理状态，而是某些关于这个世界的事实，比如我做出了承诺或者我能够帮助的人正饱受折磨，产生了义务。并不是"你做出了承诺"这一信念，而是"你做出了承诺"这一事实对你而言产生了道德要求，要求你遵守承诺。既然规范性理由不可能成为动机性理由，那么没有任何形式的对称性论题会是正确的。

为了回应这一反驳，我们首先应该区分两种主张：（1）发挥动机性理由这一功能的考量的运作方式不同于发挥规范性理由这一功能的考量的运作方式，也就是说，即使一个考量同时拥有这两种功能，它们仍是不同的功能；以及（2）一个考量或者一种类型的考量不能同时通过极为不同的方式发挥这两种功能，也就是说，同一件事不可能既是我做 Φ 的规范性理由，又是动机性理由。第一个主张为真，并不会与任何形式的对称性论题为真发生冲突。因为对称性论题没有暗示一个考量发挥规范性理由功用的方式与其发挥动机性理由功用的方式一模一样，反之亦然。它所主张的仅仅是在义务行为的情况中，同一个考量对于有善良意志的行动者而言会通过这两种非常不同的方式发挥不同的功能（当然，假设相关的条件都得到了满足）。有人可能持有这样的观点，也就是实践上的规范性理由这一概念可以还原地分析成当下的或者倾向性的动机，就像福尔克和威廉斯（Bernard Williams）那样。[22] 但他们并不会仅仅因为支持对称性论题就承诺这一观点。他们共同承诺的是，同一个考量对于有善良意志的行动者而言，倾向于同时发挥规范性理由和动机性理由的功能。因此，（1）为真与对称性论题为真是相容的。那么（2）是否构成了威胁？

（2）表达的主张是起到动机性理由功用的考量本质上不同于起到规范性理由功用的考量，也就是说，有善良意志的人履行她应该履行的行为时，作为其（动机性）理由的考量不可能是作为产生义务的规范性理由的考量。这是因为动机性理由与规范性理由本质上不是同一类东西，换言之，因为与起到规范性理由作用的东西在本质上属于不同类别的东西才可以起到动机性理由的作用。有人可能认为只有心理状态才能发挥动机性理由的功能,但只有特定的事实(此处事实的概念仅仅用来指称心理状态的内容),而不是心理状态,才能起到规范性理由的作用。根据这一观点,比如,如果我在道德上被要求做 Φ 是因为我对朋友承诺了我会做 Φ,那么这一事实不可能是我做了 Φ 的理由。它不能发挥我的动机性理由的功能,因为我的动机性理由必须是心理状态,比如我做出了这一承诺的信念,或者这一信念加上遵守我的承诺的欲望。因此,按照(2),对称性论题不可能是正确的,因为它预设了错误的观点,也就是同一个考量可以同时发挥规范性理由和动机性理由的功能。

但即使这一点是正确的,即我们行动的理由不可能与产生道德要求的理由相同(因为前者是心理状态而后者不是),这也并不要求我们放弃对称性论题,而仅仅要求我们修正它。我们无法主张道德上善的人倾向于做正确的事的理由不同于它为什么是正确的。对她而言,动机性的理由是,比如她已经承诺了做 Φ 的信念,或者某人需要帮助的信念;而遵守她的承诺或者帮助他人对她而言正确的理由在于,她承诺了做 Φ 这一事实,或者他需要帮助这一事实。但我们可以合理地主张:

(S3)一个道德上善的人倾向于被激发去做正确的事,而激发她的是心理状态,该状态的内容包含为什么该行动正确的规范性理由,反之亦然。

这一修正版本的对称性论题意味着我必须稍稍修改用来支持"某人应

当做 Φ 这一事实并不是某人做 Φ 的理由"这一主张的论证。但是，既然我们应当做出某些行为的规范性理由，与具有善良意志的人倾向于这些行为的动机性理由仍然存在必要的关联，这一论证的实质性要点就依然存在。

## 支持反事实条件句

有人可能会反驳，如果我们放弃该想法，即一个有善良意志的人倾向于做正确的事因为它是正确的，我们就无法容纳相关的反事实条件句。相关的反事实条件句是什么？有三条：

1. 一个有善良意志的人不会做 Φ，如果她认为做 Φ 是错的。
2. 一个有善良意志的人不会做 Φ，除非她判定做 Φ 是可允许的，或者义务性的。[23]
3. 义务存在冲突的条件下，有善良意志的人不会做 Φ，除非她判定做 Φ 是道德上要求的。[24]

这些反事实的条件句对有善良意志的人而言似乎是正确的。因此，问题在于，如果我们拒绝一个善良的人会因为某事是正确的就被激发去做正确的事，那么我们能否容纳这些反事实条件句。我认为，如果可以在动机理论中做出一个区分，就像在因果性理论中经常做出的那样，我们就可以做到这一点。

有些人想要区分某事成为原因以及某事在因果上相关的理由是，

有些事可能是因果上相关的，但并不是原因。比如，有人可能会认为只有事件才是因果上有效的，但同时认为事物的属性尽管不是事实，却可以是因果上相关的。有人可能会认为导致我具有红色感受的原因并不是红色事物的外表属性，而是物体反射了光线这一事件。如果某人持有这一观点，他至少可以合理地认为，在这一意义上有些红色物体的外表属性是因果上相关的，即如果它们的表面属性不同，这一事件将不会使我产生红色的感受。

动机的理论同样可以做出类似的区分。特定的反事实条件句，比如上面所列出的，对某人而言可能是正确的，但这并不意味着"做 Φ 是正确的"这一信念是她做 Φ 的动机。反事实条件句之所以是正确的，并不是因为该信念或者其内容是动机，而是因为它们动机上相关。如果某人是一个有善良意志的行动者，这一信念不能成为其动机的理由，正是因为对称性论题。认为这些反事实条件句是动机上相关的理由仅仅是，它们是真的。除却意志软弱和其他类似的情况，一个有善良意志的行动者如果认为做 Φ 是错误的，她将不会做 Φ，除非她判定该行为是正确的或仅仅是可允许的，抑或存在义务冲突的情况下判定做 Φ 是道德上的要求。[25] 因此，即使我们否认了一个有善良意志的行动者做正确的事仅仅是因为此事正确这一观点，我们仍然可以容纳这些反事实条件句。

## 实践理性的可能性

有人可能会反驳，只有在这种情况——如果我们能仅仅因为相信自己应该履行这一行为就能做我们相信自己应该做的事——下理由才是实践的。比如，约翰·布鲁姆（John Broome）论证过，我们能通过理性推理的过程得到我们应该做什么的信念不足以使理由成为实践的。我们能够仅仅因为相信自己应该如此就能如此行动同样是必要的。他的论证如下：

> 想象一下，有规范性信念的人——他们相信自己应当做某事——但他们从来不会因为相信自己应当如此行动就履行了这些他们相信应当如此的行为。如果这些人中的某人碰巧做了她相信自己应当去做的事，那么解释一定是其他东西而非她的信念。我们不能说这些人是受其行动的理由引导的，也不能说理由对他们而言是实践的。[26]

如果布鲁姆是对的，并且仅仅因为相信我们应当如此行动就会如此行动对我们而言必须是可能的，那就会使我们质疑这一主张，即这一信念或者其内容根本没有构成理由。因为，理由的实践性取决于我们出于非理由的考量而行动的能力，这将是一个非常奇怪的观点。有人也许会咬咬牙简单地接受这一随之而来的奇怪的结论，但我并不清楚我们为什么要接受这一观点。因为我不清楚我们为什么应该认为理由的实践性取决于这样一种可能性：仅仅出于裁决性道德考量而行动。

布鲁姆的论证中起作用的想法是如果我们不能做我们相信自己应该做的事，并且仅仅是因为我们相信应该如此，那么即使这一信念是通过理性的方式获得的，理性也不会是实践的，因为这一推理不会传递到相关的行动中。这让我们进入了一个关于信念的死胡同，除了信念之外，必须要由其他东西来激发行为。但我们为什么应该认为，如果理性是实践的，对行动的解释就必须出自我们应该如此行动的信念？

布鲁姆似乎持有这样一种观点，也就是因为相信支持这一裁决的理由，我们获得了最终的道德裁决，并且这一推理只在当我们因为这一裁决而行动时才是实践的。但没有什么理由认为这一裁决需要出现在对行动的解释当中才能说明我们的理性是实践的。我们不需要仅仅或者甚至部分地因为相信我们应该如此而行动，而需要仅仅由于我们应当如此行动的理由而行动。我们的这些关于理由的信念同时支持了我们应该做什么的信念以及相应的行动。但如果这些理由能够解释我们的行动（以及我们应当履行这一行为的信念），那么这无疑是理由成为实践的所需要的。我们应该做什么的信念并不是规范性信念的唯一类型。我们有何理由做何事的信念也是规范性的，并且将是实践的（如果它们能解释行动的话）。如果我们仅仅因为自己应当如此行动的理由就能做那些我们相信自己应当做的事，那么理由当然是实践的。但如果这是正确的，布鲁姆的主张——若理由是实践的，我们必须能够仅仅因为相信我们应该如此行动就履行该行为——必定是错误的。

## 出于义务而行动的价值

有人可能会论证当义务发挥动机性理由这一功能时，它有独特的道德价值；并且正是这一价值构成了为什么应该履行相关行为的理由。因此，有人可能会说，康德并没有承诺为什么应当做某事的理由是它们应当得到执行（当然，这根本就不是理由），而仅仅承诺了某些类似于贺拉斯·约瑟夫（H. W. B. Joseph）所提出的观点。约瑟夫认为善良的动机所具有的善就是能让行为成为正确的东西。[27] 他主张，某些行为应当被执行是因为其动机的价值，执行了这些行为，价值也就得到了实现。约瑟夫的这一观点近来为豪尔赫·加西亚（J. L. A. Garcia）所提倡。加西亚论证了如"道德上正确"和"应当"这样的概念是他所说的"输入概念"（input concepts）。[28] 由此指出，决定行为在道德上的正确性的并不是随之而来的后果的价值，而是行动所具有的动机和意图的道德价值。

这一回应是不充分的。首先，我们所要考察的观点是，某些行动之所以是道德上的要求，是因为行动的动机所具有的价值会随着行动的执行而得到实现。如果这是正确的，就意味着对称性论题指的是有善良意志的行动者履行其应该履行的行为的理由是她行动动机的价值。但这并不合理。我们不能主张促使一个道德上善的人行动的不是其他，而是他们动机的价值。因为这意味着这些行动者是受他们动机的价值以外的东西激发而去行动的，那他们同样会被任何具有这一价值的动机激发。假设这一动机是义务的动机，某人会被迫主张促使道德上善的人行动的是对义务的意识，以及当这一意识发挥动机的功能时所具有的价值。

但这会产生另一重困难。因为它会排斥另一个观点，即有善良意志的行动者仅仅出于义务而行动。她不能仅仅出于义务而行动，因为她应该如此，以及被这一裁决性道德考量激发是善的。不过，那些用这种方式来解读康德的人或许很乐意以此来修正他们的解读。

这样的话，康德就会面临第三个问题。接受这一修正过后的康德式的解释，（S2）就意味着某些行动之所以是道德上的要求，是因为动机的价值通过履行行为而得以实现，也因为这些行动是道德上所要求的。但这仍然暗示着我们应该做 Φ（的理由之一）是我们应该做 Φ——而这当然不是理由。唯一能让康德摆脱这一困境的方法，就是主张道德上善的人倾向于仅仅出于她的动机的价值而行动。但正如我们已经看到过的，这并不合理。因此，这一调整过后的对康德观点的解释并不能使他摆脱这一特定的困难。

## 对"应当"的分析

当然，有人会主张，如果某人向我指出应当做某事，那就同时指出了我为什么应该如此行动的理由？无论认为这一观点是正确的多么具有吸引力，此前的论证都已经表明绝不可能是这种情况，即某人指出有的行为是道德上的要求，同时指出一个（更不用提唯一的）行动的理由。但如果这是对的，我们需要说明为什么另一种想法看起来很有吸引力。

一种可能的解释方法是，我们能否用行动的理由来分析包含"应当"的陈述。福尔克以及之后的迈克尔·史密斯（Michael Smith）提供了两种分析，它们不仅能解释为什么会认为如果某人向我指出应当做某事，也就同时指出了我为什么应该如此行动的理由这一观点如此具有吸引力，还能说明为什么应当否认这一诱惑。我认为，福尔克的分析是正确的，并且史密斯所持有的那种分析之所以是（非分析性的）

正确的，是因为福尔克的分析是正确的。但我并不想在这里捍卫这一观点。我的目的仅仅是论证，如果这两个分析中任意一个是正确的，就能够解释为什么把包含"应当"的陈述看作理由非常诱人，以及为什么我们不应该用这种方式来看待它们。

福尔克注意到"我应当做Φ"这一陈述通常是从外部理解的，表达了一个事实，即自我的外部要求（要么是上帝，要么是社会，要么仅仅是我身处的环境）我去做Φ。[29]但他主张我们可以从内部理解它，它表达了这样一个事实，即我有压倒性的或者充分的动机去做Φ。[30]由于福尔克把实践理由看作动机，对他而言，"我应当做Φ"在内在意义上的解释等同于主张我有一个压倒性的动机或者冲动去做Φ。[31]出于这一原因（我所提到的），他把内在意义的"应当"称作动机意义的，并且认为当我们认为包含"应当"的陈述以及事实上或者倾向上的动机之间具有内在联系时，我们所想的就是这种意义上的"应当"。然而，有人能接受福尔克用迫切的理由对包含"应当"陈述所做的分析，却摒弃了把实践理由和动机等同起来的做法。比如，有人可能会像帕菲特（D. Parfit）所做的那样，[32]主张一个人即使没有被这一考量激发也可以有理由去做Φ，哪怕从他已有的动机集合出发的慎思不会使他被该考量激发。因此，对包含"应当"的陈述这一内在主义的分析意味着福尔克的动机分析依赖于另外一个观点，即规范性理由和动机性理由之间，或者规范性理由和动机之间是否存在实质性的区别。[33]

我的要点仅仅是这一内在主义的对"应当"的分析是否正确，以及是否获得了动机性分析，这就解释了为什么认为这一观点，即某人向我指出应当做某事，同时也就指出了我应该如此行动的理由，如此吸引人。因为根据这一分析,只要你说服我应当去做 Φ,事实上也就是说服了我有压倒性的理由去做 Φ;并且这使得关于我们应该做什么的信念和我们有压倒性的理由做什么之间有了足够紧密的联系,也就可以解释把道德理由等同于包含"应当"的陈述这一做法的诱人之处了。这一点是对的,这一解释只有在"应当"是透明的情况下才有效。如果它是不透明的,那么即使这一分析是正确的,也不会带来如果我相信我应当做 Φ,我就相信我有压倒性的理由做 Φ 的结论。但我认为这一分析与常识足够接近从而保证了这一预设,也就是如果某人相信她应当做 Φ,她就会有(至少是一种潜在的)信念"她有压倒性的理由做 Φ",这是我们目前所需要的结论。

对"应当"的这一分析——如果接受的话——虽然能解释为什么这一做法,即认为包含"应当"的陈述是履行被要求的行为的理由,如此具有吸引力,但也说明了它为什么是错误的。因为,只要我相信我应当做 Φ 就认为我有压倒性的理由做 Φ 是一回事,而认为后一个信念的内容就是,或者甚至是其中一个我认为自己具有压倒性的理由是另一回事。换句话说,我认为我有压倒性理由做 Φ,该事实自身并不是我认为我有压倒性理由(做 Φ)的理由之一,就像对 P 存在着一个压倒性的论证,这一事实自身并不是对 P 的一个压倒性的论证。这些理由是用以支持这一裁决性信念的证据性道德考量。

对"应当"的另一个分析或许能解释为什么认为包含"应当"的陈述是履行被要求行为的理由这一观点很吸引人,该分析由迈克尔·史密斯提出。[34] 根据史密斯的观点,包含"应当"的陈述是用关于我们理想的理性自我想要我们做什么来分析的。如果这一分析是正确的，并且或多或少是透明的——非常可能只是如果！——它就能解释为什么把义务看作理由是具有吸引力的。事实上，史密斯本人认为包含绝对应当的陈述是规范性的理由。³⁵ 但是，虽然这一分析和福尔克的一样，或许能解释这一点，但这一诱惑之处应该被拒绝，即使史密斯的分析是正确的。对这一点的论证基于一个修正过但同样合理的对称性论题。

（S4）一个完全理性的行动者倾向于被激发去做 Φ，激发她的就是她为什么应当做 Φ 这一规范性理由。

我们需要问的是："如果我是完全理性的就会被激发去做 Φ 这一事实是我做 Φ 的规范性理由吗？"如果（S4）是对的，那么对这一问题的回答就是否定的。因为，鉴于（S4），我应当做 Φ 的规范性理由或者理由，等同于我做 Φ 的动机性理由或者理由（假设知识、实践理性和能力条件得到了满足）。但很显然，如果我是完全理性的，我就不会仅仅因为如果我是完全理性的就被激发去做 Φ 这一信念或者事实，而倾向于被激发去做 Φ。如果我是完全理性的，并且被问到为什么我要做道德上应当做的事，我倾向于给出的答案是"因为我承诺了"，或者"因为有人非常需要帮助"，或者"因为她过去帮助了我"，或者"做 Φ 会最大化善"，或者这一类的其他回答。我不会回答说"因为我承诺了如此并且如果我是完全理性的我会被激发去做该事"，我肯定不会仅仅通过引用第二个组合来回答这个问题。

也许在如果我是完全理性的这一描述下，我不会援引这一裁决性道德考量。也许我会回答说,"因为这是我道德上应该做的事",或者"因为我承诺了,并且这是我道德上应该做的事"。但这样一来我将又一次面临之前的批评。因为,鉴于(S4),它会表明我应当做 Φ 的理由要么是我应当做 Φ,要么是我承诺了做 Φ 并且我应当做 Φ。但我应当做 Φ 这一事实根本不是我应该做 Φ 的理由。因此,即使史密斯对"应当"的分析是正确的,也不会带来这一结论,即包含"应当"的陈述表达了一个按照其行动的理由。事实上,鉴于我们所预设的前提,这个观点被证明是错误的。

## 结　论

上述的考量意味着我们必须放弃的观点是一个道德上善的人会倾向于被激发去做那些她应该做的事,因为她认为这是义务,更不用说另一个观点,即她会倾向于被激发去做此事,仅仅因为她认为这是义务。因为如果我们坚持一个道德上善的人会仅仅出于这一动机而行动,那就无法坚持康德思想中最为核心的观点:道德与理性之间存在着联系。否则,我们将被迫承认道德上善的人倾向于被那些根本不是(规范性)理由的考量激发。

因此,如果要坚持这一观点,即一个道德上善的人会仅仅出于义务而行动,并且道德与理性之间存在着本质且直接的联系,我们必须通过其他方式来解读康德的出于义务而行动。在接下来的两章,我会考察另外两种解读。根据这两种解读,出于义务而行动被理解成出于对道德法则的尊重而行动。我将论证(第三章)该解读虽然摆脱了本章所考虑的困难,但会陷入另一重困境——一个同样具有摧毁性的反驳。好在还有第三种理解康德出于义务而行动的方式(第四章),它同时摆脱了这两种困难。

# 2

# 尊重和道德动机

## 导　论

我在上一章论证了，如果把康德的主张，即一个道德上善的人仅仅出于义务而倾向于做她应该做的事，理解为她之所以做她应该做的事仅仅是因为她应该如此行动，他就无法持有这一观点：道德和理性之间存在着本质且直接的联系。这是因为我应当做 Φ 这一事实，并不是我做 Φ 的规范性理由。因此，如果一个道德上善的人是一个仅仅因为她应当做 Φ 就倾向于做 Φ 的人，她会倾向于被一种考量激发去行动，而这种考量并不是她应该如此行动的理由。我们应该履行这些被要求的行为的理由，并非它们是道德上的要求这一事实，而是这些行动为什么是道德上的要求的理由。如果道德和理性之间存在着本质且直接的联系，那么一个道德上善的人会倾向出于这些理由而行动。但不论这些理由是什么，它们都不会是，也不会包括相关的行动是道德上的要求这一事实。因为有的行为应该被履行或者是正确的这一事实,不能用来支持应该履行该行为,或者该行为正确的主张。因此,它不能作为支持该行动的规范性理由。

或许有两种方式可以回应这一论证。有人可能主张,要么一个有善良意志的人并不是一个倾向出于义务而行动的人,要么出于义务而行动并不应该被理解成仅仅因为某人应该如此行动就照做。第一种类型的回应过于极端了,并且只有在明确第二种回应无望的情况下才应该被采纳。因为出于义务而行动在康德的伦理思想中占据了核心地位,一旦抛弃这一说法,就很难说明还有什么独特的康德主义的要素能被保留下来。所以,如果我们想要从这一批评捍卫康德,就必须用第二种方式来回应。这是我在第四、第五章中希望追求的路线。现在我先提出另一种可能的对"出于义务而行动"的解读——基于芭芭拉·赫尔曼和马西娅·巴伦对主要动机和次级动机做出的区分。但在此之前,我要考察该论证路线可能追求的另一种方式。

康德主张不仅义务是唯一的道德动机,对道德法则的尊重也是道德的动机。按照标准的解读,出于对道德法则的尊重而行动就是仅仅因为某事是正确的而做正确的事。但我们已经看到这一解读并不尽如人意。一种理解康德道德价值理论的不同方法,始于对"出于对道德法则的尊重而行动"的解释,并由此出发解读出于义务而行动。在本章及接下来的一章,我会澄清和评价对出于义务而行动的这一理解。

在本章中,我将聚焦于"尊重"这一概念,以及它与道德动机的关系。尽管尊重(Achtung)在康德伦理学中极为重要,但并不清楚这一概念在康德眼中究竟指什么,以及它在道德动机中的角色到底是什么。有人主张尊重是一种特定的感受,另一些人则主张它是对道德法则的意识,同时还有一部分人认为前两者都是尊重。在康德对道德动机的解释中,关于尊重的角色的争论即是关于尊重的感受或者对道德法则的意识是否为道德动机的争论。这些显然都是相互关联的问题,回答这些问题对于理解康德对道德价值的解释至关重要。我将在本章论证这样一种观点:尊重是一种复合的心理状态(complex mental state),包含了认知的方面、对道德法则的意识以及情绪的方面,康德把这种状态称作道德感受。这并不是一种对尊重的全新解读,我的解读之新,在于如何理解尊重的这两个方面相互联系的方式。

其他一些评论者主张,尊重的认知的方面和情绪的方面是因果上相关的。但是,我将论证该解读与康德的另一个观点——道德感受可以被先验地知道,也就是说,对有限理性存在者而言,它必然伴随着对道德法则的意识——不一致。但是,如果认为道德感受是我们意识到道德法则的方式,我们就能解释为什么康德认为尊重的情绪的方面总是伴随着认知的方面(对于有限理性的意志)。因为我们对道德法则的意识的这一描述,换句话说,表达了道德法则所呈现给我们的一种特殊方式;并且,既然道德法则只能通过这种方式呈现给我们,道德感受就是我们能意识到道德法则的唯一方式。最后我将考察一个被各种文献忽略的含糊之处,即康德似乎在两个观点之间摇摆:一方面,对道德法则的尊重是唯一的道德动机;另一方面,道德法则自身是唯一的道德动机。首先论证,与 L. W. 贝克(L. W. Beck)相反,这一含糊需要严肃对待;接着表明,康德被考察的观点其实是,尊重并非道德动机,而是道德上被激发的状态。

## 康德对尊重不同的主张

大部分时候，康德把尊重描述成由道德法则导致的一种特定感受。比如，在《实践理性批判》中他声明，"对道德法则的尊重……是由一种理智上的原因产生的感受"，[1] 在《奠基》中又说，"尊重是一种感受……由理性概念自我产生的，并因此与第一种类型的感受不同，所有的这些感受可以被还原成倾向或者恐惧"。[2] 尊重作为一种感受贯穿他《实践理性批判》分析篇第三章的整个讨论。上面提到的"理性概念"即是道德法则。因此，尊重的感受被理解为由道德法则导致的。正是出于这一理由，康德在《奠基》和《实践理性批判》中把它描述成唯一的道德感受。[3] 通常我们会假设，既然只有当我们可以意识到道德法则时，它才能引起这种感受，那么并不是道德法则自身，而是我们对这一法则的意识才是我们道德感受的直接原因。因此，按照这一观点，道德法则导致了我们对它的意识，而该意识导致了道德感受。稍后会看到，我们有理由质疑这一解读的准确性。但是，就目前而言，我只是让大家注意到这一点，而不去讨论它。

对这一感受的描述，《奠基》中类比了倾向和恐惧，《实践理性批判》中则类比了两个方面——愉悦和高尚，痛苦和羞耻。[4] 只要将道德法则看作具有高于我们的权威，而这种权威不需要考虑我们的倾向，它所导致的感受就能够通过与恐惧的类比来理解。这样一来，它就被看作一种羞耻和痛苦的感受。但既然道德法则被看作是自我施加的，它所导致的这一感受就应该与倾向进行类比。因为在这一方面，它被构想成高尚这种类似于愉悦的感受。存在一种趋势，夸大尊重与恐惧或痛苦的类比，并忽略或者轻描淡写地理解尊重与倾向和愉悦的类比。但应当强调的是，由道德法则导致的尊重的感受不仅仅是羞耻与痛苦，也是高尚。[5]

我已经提到过康德把尊重看作道德法则所产生的感受的文段。在《奠基》的其他地方，他把道德法则说成是尊重唯一的对象。

> 对于这样的对象，那些我所主张的行为的结果，我可以有倾向，但绝没有尊重，这正是因为它仅仅是意志的结果，而不是意志的活动。倾向也是类似的，无论是自己的还是别人的倾向，我都不能有尊重：在第一种情况中我至多只能有赞同，而在第二种情况中有时甚至是爱，也就是说，把它看作对我自己有利的。只有那些仅仅作为基础并且永远不会作为结果而与我的意志结合的东西……因此，只有作为自身纯粹的法则，才能成为尊重的对象。[6]

在这一问题上，他的观点是很复杂的。事实上，他也说过立法（*Gesetzgebung*），[7] 理想的意志（*Wille in der Idee*），[8] 以及人（而非物）[9] 是尊重唯一的或者恰当的对象。虽然康德关于尊重的对象的多种说法令人感到困惑，但是道德法则、立法、理想的意志和人之间存在着足够紧密的概念上的联系，以至于我们能把这些说法看作表达了一个融贯的观点。[10] 因为它们都可以被还原为他最开始的主张，也即道德法则自身是尊重的对象。

一旦注意到理想的意志的特征是为自己立法，我们首先可以排除理想的意志是尊重唯一的对象的竞争者。[11] 因此，当康德说理想的意志是尊重唯一的对象时，我们可以看作他在说该意志的特征是立法。那么立法、道德法则与人格之间有什么样的联系呢？在《奠基》关于尊重的一个长脚注中，康德如是写道："所有对人的尊重只有当它是对法则的尊重时才是恰当的。"[12] 因此他的主张，只有人能获得尊重，不过是只有道德法则才能得到尊重的另一种表达而已。我们所尊重的是人身上的道德法则。这把康德关于尊重唯一的对象的主张缩减成了两个——道德法则和立法。而调和这两个陈述是一件简单的事。因为我们可以把康德理解成是在陈述我们尊重的并不是立法，而是所立之法，这就是他在 *Ak* IV, 400 中所表达的意思。一旦注意到了这些要点，我们就可以把康德的不同描述视为同一观点的不同表达，也即道德法则是尊重唯一的对象。

目前为止，我们看到康德把尊重描述成了一种独特类型的感受，也就是该感受唯一的对象是道德法则。在《实践理性批判》中，康德指出了尊重另外一个独特之处，也就是它能被先验地知道。[13] 这一观点并不是说他认为尊重的感受可以独立于任何经验而被先验地知道，而是说这是道德经验必要且普遍的要素。[14] 因此，好比空间是所有感知经验都必须预设的东西，道德感受是道德经验必要且普遍的要素。[15] 这意味着这一情绪的方面必然伴随着我们对道德法则的意识。

但是，这仅仅对有限理性存在者才成立。一个完美的理性存在者，或者神圣意志不止不会感受到对道德法则的尊重，并且不能伴随着尊重而意识到道德法则。他写道，因为尊重

> 预设了身体的感受，以及存在者（被施加了对道德法则的尊重）的有限性；因此对法则的尊重不会归属于至高的存在者，或者甚至是那些免于所有感受的存在者，因为对这些存在者而言实践理性没有任何阻碍。[16]

因此，我们可以看到康德把尊重描述成（1）一种可以类比于痛苦和愉悦，或者羞耻和高尚，但并不是由它们来定义的感受；（2）唯一的道德感受；（3）这一感受唯一的对象是道德法则；以及（4）对有限理性存在者而言，这一感受必然伴随着对道德法则的意识。我们解决了与尊重第三个特征有关的困难，现在必须来处理两个与尊重第一个特征相关的问题：第一，在《道德形而上学》中，康德说，"道德感受"指的是对特定感受所具有的接受性（receptivity）或者易受性（Empfänglichkeit）。但是，如果以这种方式来理解道德感受，它压根就不是一种感受，因为有特定感受的易受性自身并不是感受。第二，康德有时候把尊重等同于我们对道德法则自身的意识，或者对它至高权威的意识；而这导致许多人主张尊重并不是一种感受，道德感受仅仅是尊重的后果。

第一个困难相对容易解决。在《道德形而上学》中，虽然道德感受被描述成具有特定感受的易受性，[17]而不是特定的感受本身，但这并不意味着康德不再认为尊重是一种感受。因为，康德不再把尊重等同于道德感受，相反，道德感受被描述成"道德天赋"以及对他人的尊重（伴随着良知和对邻人的爱）；[18]并且当他描述尊重时，他清楚地认为尊重是"一种特殊类型的感受"。[19]因此，虽然在《道德形而上学》中康德对术语的调整收效甚微,但也并没有给尊重是一种感受这一观点带来严重的困难。

康德把尊重描述成对道德法则及其权威的意识的段落,给任何把尊重解读成仅仅是道德感受的解释,带来了更严重的困难。在《奠基》中,康德说,尊重"意味着仅仅意识到我的意志服从于法则,而无须我的感受的外部影响来调节",[20] 以及"意志直接由法则决定,对这一决定的意识称作'尊重'";[21] 同时在《道德形而上学》中,他说,"对道德法则的尊重……等同于对某人义务的意识"。[22] 拉夫·沃尔克(Ralph Walker)近来表明,这些段落表达了康德对尊重仔细考虑后的观点,由此可以看出康德认为尊重是认知状态而不是情绪状态。[23] 他摒弃了康德把尊重描述成道德感受的做法,认为这一做法只造成了明显的困惑。[24]

但康德把尊重看作一种感受的次数实在太多了,他只在极少数情况下才把尊重描述成对道德法则的意识,这削弱了这一说法的合理性。即使在那些把尊重描述成对道德法则的意识的地方,他也从来不是毫不含糊的。在《奠基》的一个脚注中,他既将尊重描述为对道德法则的意识,又将它形容成一种特定的感受,并且在《道德形而上学》中他关于尊重是对道德法则的意识的主张含混不清。原话是这样说的:"对法则的尊重——在主观方面它被称作道德感受——等同于对某人义务的意识。"[25] 这段话中康德所说的"主观方面"究竟指什么现在还不清晰(我之后会回到这一问题),但其中的从句清楚地表明,即使在这里康德也不是毫不含糊地将尊重描述成认知状态。

沃尔克之所以给予这些段落如此不匹配的分量,并不是因为文本证据上的绝对权重——它并没有这样的分量——而是出于另一种截然不同的考量。促成这一解读的是这样一种欲望——将康德"尊重是唯一的道德动机"这一主张与其另一主张"在讨论道德动机时，意志不应该由任何感受决定"相匹配。[26] 虽然很难理解道德法则自身应该是唯一的道德动机这一观点如何适配尊重是道德法则导致的特定感受这一观念，以及如何适配这一感受是唯一的道德动机这一观点，但仅通过忽略占压倒性优势的将尊重看作道德感受的说法来解决这一困难则是不恰当的。这些段落（康德认为尊重是对道德法则的意识）需要得到说明，但不应该以牺牲海量的把尊重描述成道德感受的段落为代价。

## 尊重，作为一种复合的状态

理查德·麦卡蒂（Richard McCarty）最近试图通过把尊重解读成一种单一的复合心理状态来实现这一目标，该状态由因果上彼此相关的认知和情绪状态构成。[27] 对尊重的这一解读仅仅是把康德对于它的不同的描述吸收进一个单一的解释，它不再仅仅被看作对道德法则的意识的后果，而是包含了这一意识本身。因此，尊重虽然被理解为包含了道德感受，但并不只被构想成感受。相反，尊重被解读为对道德法则的意识以及这一意识导致的道德感受。

这一解读来自《道德形而上学》中沃尔克引来支持他对尊重的解读的段落。因为，正如前文所述，原话是这样说的："对法则的尊重——在主观方面它被称作道德感受——等同于对某人义务的意识。"康德事实上并没有使用"方面"（Absicht）这一词语。尽管如此，这一段落强烈地暗示了他认为尊重有两个方面,因而支持他不是把道德感受仅仅看作尊重的后果(被设想成仅仅是对道德法则的意识),而是尊重的一个方面。

这一解读的进阶优势在于,它为尊重的哪一方面构成了道德动机这一问题提供了一个开放性的空间。这是一种优势,因为它使得我们能够调和康德不同的主张:一方面,尊重是一种特定的感受以及尊重是唯一的道德动机;另一方面,道德动机不需要任何感受来联结。因为它使得我们能够主张并不是尊重的情绪的方面激发了道德上有价值的行动,而是认知的方面。但是,令人惊讶的是,麦卡蒂没有充分挖掘他对尊重的这一解读方式的潜力,转而论证正是情绪的方面激发了道德上有价值的行动。[28] 关于尊重的哪一方面构成了道德动机的观点,削弱了在我看来某人可能认为这种"双重"解读具有吸引力的其中一个主要原因。因为,导致人们不愿意接受康德把尊重描述成只是一种感受的是,这一说法不符合他的动机认知主义,他认为道德法则自身是道德上有价值的行动唯一的、直接的动机。正是这一困难致使沃尔克给予了某些段落极不匹配的分量,即康德把尊重描述成对道德法则的意识的那些。麦卡蒂之所以采纳尊重的情绪的方面构成了道德动机,是因为他把休谟式的观点,即思想自身具有惰性,归结给了康德。[29] 但这种归因是非常不合理的。因为康德伦理学的主要目标之一,即表明纯粹理性可以是实践的,而想要做到这一点就得指明休谟式论题的错误性。

因此,某人最好主张尊重的认知的方面构成了道德动机,如果他想采用对尊重的这一解读。[30] 这一解释似乎能够满足康德关于尊重和道德动机的所有说法。但是，按照目前的描述，它仍面临两大问题：第一个源于构成要素被视为彼此关联的方式。³¹ 第二个是忽略了康德把道德法则自身，而不是我们对它的尊重，描述成唯一的道德动机的那些段落。

我将在接下来的两节尝试解除这些困难。那么，第一个困难究竟是什么？道德感受与对道德法则的意识因果上相关这一观点并不适配康德的另一个信念——尊重可以被先验地知道。据此，他想说的是尊重的情绪的方面（也即道德感受）能够被先验地知道。但是，如果道德感受仅仅是我们对道德法则的意识的后果，这种知识何以可能就不够清楚明白。因为后果将会受到自然因果律（causal laws）的控制；并且，虽然这一点是真的，也就是基于这些法则，后果必然会发生，但既然这些法则本身并不是必要的，道德法则对有限理性存在者而言也就不是道德经验必要的成分，至少在康德所要求的那种严格意义上是这样。

有人可能试图通过主张这样一种观点来解决该困难，也就是对道德法则的意识具有一种倾向于导致道德感受的属性。因为他们可以论证它是一个根本的属性。但即使论证了这些倾向性的属性对于我们对道德法则的意识而言是根本的，也仍然无法表明尊重的情绪的方面能被先验地知道。因为倾向性的标准解读是其体现了对后果的虚拟条件的主张，也即只要满足特定条件，确定的后果就会发生。按照这种理解，导致道德感受的倾向只满足了康德的另一个观点——道德感受必然伴随着对道德法则的意识，倘若倾向必然会实现的条件得以满足的话；但无论这些条件是什么，这种情况都是非常不合理的。

因此，我们需要调整尊重是一种复合的心理状态，包含了对道德法则的意识以及道德感受这一后果,而调整的方式要能解释康德为什么认为道德感受可以被先验地知道。我将在接下来的部分提供一个解释,即由康德的一个观点(他关于道德法则呈现给有限理性存在者的方式)所体现。

## 道德感受,我们意识到道德法则的方式

麦卡蒂把尊重看作一种单一的复合状态的解释,为满足康德把尊重描述成对道德法则的意识和道德感受的做法提供了可能性,但它无法解释为什么康德认为道德感受可以被先验地知道。这一缺陷来自一个事实,即,按照该解读,尊重的这两个方面被设想成是因果上相互关联的。因此,想要弥补这一缺陷,我们就必须设想尊重的这两个方面有更直接的联系。我认为,对此,最好的方式并不是把道德感受看作我们对道德法则的意识的后果,而是我们意识到道德法则的方式。但后者究竟是什么意思呢?

如果我们能够区分尊重(respect)和敬重(reverence),这一点就可以得到澄清。玛丽·格里戈尔(Mary Gregor)和拉夫·沃尔克使用这些术语来区分构想为对道德法则的意识(尊重)的 Achtung 和构想为道德感受(敬重)的 Achtung。[32] 和他们一样,我认为敬重的概念很好地突出了道德感受,而这一感受,康德认为包含在我们对道德法则的意识当中。但我并不想用"尊重"仅仅来表示 Achtung 的认知的方面,而是想用它来表示一个整体的复合状态。因此,在我对这些术语的使用中,尊重将被看作一个复合的心理状态,它既包含了对道

德法则的意识,又包含了敬重的感受。

尊重和敬重的这一区分使我得以澄清:当我说"道德感受是我们意识到道德法则的方式"时,我究竟在说什么。当我说道德感受(也就是敬重)是我们意识到道德法则的方式时,我的意思是,我们尊敬地(reverentially)意识到道德法则。因此,尊重是一种对道德法则敬重的意识。敬重的感受,其负面的方面(痛苦和羞耻)源于一个事实,即道德法则以限制我们的倾向的形式呈现给我们,也就是限制它们的权威;而积极的方面(愉悦与高尚)源于一个事实,即我们认识到道德法则是我们意志自我立法的原则,并因此认为道德法则呈现给我们的方式不是外部制约而是自我约束。

康德并没有清楚地用这种方式来描述尊重,但《道德形而上学》的相关文段可以支持它。在这一文段中,康德说道,义务"只能通过[durch]我们对它的尊重来呈现"。[33] 假设这段话表达了一些不仅仅是琐碎真理的东西,即我们只能通过对道德法则的意识而意识到道德法则,那么它就必须被看作是在说我们只能通过尊重的情绪的方面来意识到道德法则。如果我们认为道德感受仅仅是我们对道德法则的意识的后果,这一段落没有任何意义。因为对道德法则的意识的后果何以使对道德法则的意识成为可能?但是,如果我们认为道德感受是我们意识到道德法则的一种方式,这一段落就变得非常合理了。我们通过道德感受,或者通过这种方式而意识到道德法则,因为这是该意识能够存在的唯一方式。

为什么康德认为我们只能通过这种方式意识到道德法则?为什么他不允许我们无动于衷甚至带有蔑视地意识到它?这就相当于在问,

为什么他认为道德感受可以被先验地知道。这一问题的答案,或许可以从考察道德法则必定以什么方式呈现给我们,以及为何必定以这种方式呈现中获取。

按照康德的观点,道德法则只能以命令的形式呈现给有限理性存在者。[34]康德使用"命令"所指的是意志的必要性(Nötigung)。如果意志仅仅由理性决定,并且没有其他动机出现,换言之:

> 如果理性绝对地决定了意志,那么对这种类型的存在者而言,被认为是客观上必要的行动也是主观上必要的,换言之,意志是一种力量,能使我们只选择独立于倾向而被看作实践上必要的理由,也就是善。[35]

那些被视为客观上必要的东西也是主观上必要的,对于完美的理性意志而言,就是指这样的意志必然会意愿他们应当意愿的。这也就意味着,道德法则对这样的意志而言并不会以命令(command)、约束(constraint)、律令(imperative)或者义务的形式出现。"'我应当'在此处会消失,因为'我将会'已经必然与法则相和谐。"[36]但是,对于有限理性存在者而言——某人"还需要经受主观条件(特定的动机)的影响,而这些条件与客观的条件并不总是一致"[37]——被看作客观上必要的行动具有主观上的偶然性。因此,"符合客观法则的意志的决定项体现为一种必要性"。[38]因此,道德法则以命令的形式呈现给有限理性存在者,就是在说它呈现给他们的是一些必要的行动——以律令的形式呈现。[39]既然道德法则所要求的行动被看作是必要的，不仅仅是达到某些偶然目的的手段，而且就其自身而言是必要的，那么道德法则对有限理性意志表现为绝对命令（categorical imperative）。

道德法则之所以对我们而言表现为律令，是因为我们并不必然按照其意愿。因此，它呈现为对有限理性意志的约束。[40] 我们很容易把约束理解为它暗示了我们的自然倾向（以某些方式）本质上是反道德法则的要求的。[41] 但是，康德认为道德法则对我们而言表现为必然或者约束的原因，并不是我们的自然倾向在内在上是非道德的，而是我们倾向于做什么与我们应当意愿什么之间联系的偶然性。因此，约束这一概念不应该被理解为预设了倾向的概念本质上是反道德的（黑格尔和黑格尔主义者喜欢把这种观点归咎于康德），而应该理解为表达了一个事实，即道德法则给我们在特定环境中开放的实践可能性施加了理性的限制，并且以此呈现。[42] 道德法则对完美的理性存在者而言并不会表现为理性的约束，因为它并没有限制这种意志开放的可能性。这是因为这样的存在者并没有与道德法则相冲突的开放的可能性，因此也不会受道德法则限制。

把约束理解成理性的限制（limitation）说明了道德法则呈现给我们的方式当中非常重要的一个方面。只要它对我们表现为理性的限制，它就不会只表现为一种约束，而是一种自我约束。只要道德法则对我们表现为理性的约束，它至少会在我们把自己视为理性的或物自体世界的行动者时，显现为一种自我约束。因为道德法则对有限理性存在者而言，表现为理性限制意义上的自我约束——并不在于其与倾向偶然具有的对立关系。它所预设的只有合作倾向的偶然性，如果出现了这种倾向的话。因此，道德法则对有限理性存在者表现为自我约束，这无关行动者所具有的美德的程度，或者她在多大程度上想要做她应当做的事。鉴于我们的倾向对道德法则的服从总是只具有偶然性，道德法则就只能对我们表现为（绝对）命令。

这如何解释为什么康德认为我们只能尊敬地意识到道德法则？如果我们否认道德法则呈现给我们的方式与我们意识到道德法则的方式不同且因果上相关，这一点就能得到解释。要做到这一点，得将我们必定意识到道德法则的方式视为与道德法则必然呈现给我们的方式不同的描述。如此理解，我们只能尊敬地意识到道德法则的主张只不过在说道德法则对我们只能表现为自我约束的另一种方式。如果存在着这种同一性，那么康德用来支持道德法则必然对我们表现为自我约束的意志这一主张的论证，同时也能用来构成我们只能尊敬地意识到道德法则这一主张的论证，这一困惑也就得到了解决。

这种同一性的主张可行吗？我认为是可行的。当康德说道德法则必然以高于我们自身理性的自我约束呈现给我们时，除了意识到它会使得我们的意志服从该法则而不需要外部影响的调节这一主张外，我们并不清楚他究竟还想表达什么；既然这就是尊敬地意识到道德法则，[43]当康德说道德法则必然以理性的自我约束呈现给我们时，我们很难看出，除了意味着我们会尊敬地意识到道德法则之外，还能意味着什么。接受了该主张，也就解释了为什么康德认为我们只能尊敬地意识到道德法则。

康德的主张在许多人看来似乎是不可行的。有人可能会反驳，罪犯和无道德的人（amoralists）就会意识到道德法则却无动于衷或者带有蔑视,而不会表现出敬重,坚持否认这一点就是无视经验性的证据。在本章后面的部分,我将给出理由说明康德较为严格的主张并不像它一开始表现的那样不合理。但是,为了实现这一点,我需要解决此前提到的麦卡蒂解释面临的第二个困难。这是我现在要做的。

## 道德法则的角色

目前我已经论证了尊重是一种复合的心理状态,包含了对道德法则及其权威的意识和道德感受。虽然尊重的构成要素是不同的,但对于有限理性意志而言,从这些要素没有彼此能否存在的意义上来说,它们并不是相互独立的。道德感受没有对道德法则的意识就不能存在,因为道德法则是这一感受唯一的对象;没有道德感受,对道德法则的意识也不能存在,因为该感受是我们能够意识到道德法则的唯一方式。只有通过这一方式来理解尊重,我们才能解释为什么康德认为对有限理性存在者而言,其情绪的方面必然伴随着认知的方面。因此,对麦卡蒂尊重的解释所做出的修正,能够解决此前提出的两个困难中的第一个。

我们现在需要解决的是第二个。麦卡蒂主张尊重的情绪的方面是唯一的道德动机。我论证过,如果他主张认知的方面才是唯一的道德动机,他的解读就会更合理,因为这更符合康德的动机认知主义。基于我对麦卡蒂解释的调整,我们并不一定要选择尊重的哪个方面构成了唯一的道德动机。道德动机是对道德法则的尊重,换言之,唯一的道德动机是我们对道德法则及其权威敬重的意识。该说法面临的问题是，康德经常说，是道德法则自身，而不是对它的尊重，才是唯一的道德动机。在《奠基》中他说，在与道德动机的关系当中，意志必须"仅仅由法则，不带任何其他动机"决定，[44] 而这一点在《实践理性批判》中再次被提及。在该书中，他说，"行动的道德价值中最为根本的是道德法则应当直接决定意志"，[45] 并且"人类意志（以及所有创造出来的理性存在者）的［道德动机］不能是道德法则以外的任何东西"。[46] L. W. 贝克声称，这些段落不能按照字面意思来解读，因为道德法则自身"并不是能够成为动机的那类事物"。[47] 我认为，这一观点是错误的。促使 L. W. 贝克认为道德法则并不是能够成为动机的那类事物的原因在于，我们有时认为动机是一种力量——把我们推向某个方向。比如，当我们谈到有人出于愤怒或者嫉妒而做出某些行为时，我们就是以这种方式来设想动机的。如果道德法则被设想成这种意义上的动机，那么它根本就不是实践的法则，而是类似于自然法则的法则，或者某些受自然法则管理的事物。但我们也并不认为动机是推动我们的力量。我们认为它仅仅是履行某些行为的理由（这些理由并不是因果上的理由）。比如，当波洛（Poirot）寻找疑犯的动机时，他所追寻的并不是导致该行动的心理力量，而是行动者如此行动的理由。

虽然现在动机这一说法可能意味着第一种理解，但康德所考虑的观点是，动机是那些在行动者看来是好的理由的行动理由。[48] 因此，动机不应该被认为是类似于休谟式的激情那类会推动我们行动的东西。对康德而言，这一概念与我们的自由相冲突。[49] 促使我们行动的并不是某些冲动，我们是基于自我认定的可靠理由而自发行动的，这些理由用康德的术语来说就是我们行动的动机。但是，如果我们认为动机是实践理由，它们可以被如此看待并整合到行动者的准则当中，那么我们就没有理由像 L. W. 贝克那样假设道德法则自身"并不是能够成为动机的那类事物"。因为说它对有限理性者而言是动机，只不过在说它是一种原则，我们每个人都承认它的权威性，并且如果进行选择，每个人都可以将它作为我们行动的基础。

但 L. W. 贝克有进一步的理由否认道德法则自身能被解读为道德动机。他论证到，既然我们必须意识到只有道德法则才能被其激发，那么必定是该意识而非其对象才是我们的动机。但这一结论过于强硬。因为道德法则只有为我们所意识才能成为我们行动的理由这一事实，并不会在我们意识到它的命令并使之成为我们行动的基础时，阻止它成为一个或者唯一的我们行动的理由。休谟主义者坚持动机性的理由必须是心理状态，因为它们必须总是包含欲望，而这是一种心理状态。但既然康德拒绝了休谟式论题，即动机性的理由必须是或者包含了欲望，我们就没有理由问他为什么应该认为动机性理由应该是心理状态而不是它们的内容，并且有理由否认对康德的这一解读。

既然 L. W. 贝克没有给我们忽略这些段落（即康德陈述道德法则自身是道德动机的）恰当的理由，我们就不能简单地通过排除这种可能性来避开这一困难。康德关于什么是道德动机的观点中似乎存在着真正意义上的模糊性：他似乎认为，要么对道德法则的尊重，要么尊重的对象——道德法则自身，是道德动机。

然而，在《奠基》中，康德提供了第三种可能。他写道，道德法则是意志的客观决定项，而尊重是意志的主观决定项。[50] 此处的"决定项"似乎指的是"动机"。照此理解,这一文段陈述了道德法则是意志的客观道德动机,我们对它的尊重是主观的道德动机。但这一对立该如何理解?康德想的可能是主观原则和客观原则的区分——他在《奠基》第二部分所做出的。[51] 他说,客观的原则是人们应当按照其行动的原则,而主观的原则是主体实际上行动的原则。如果我们以这种方式来理解主观动机与客观动机之间的对立,那么道德法则就会被理解为人们应当行动的动机,而对道德法则的尊重就会被理解为行动者行动的动机(当她道德地行动时)。既然动机只有当其被整合到行动者的准则时才能决定意志,我们就必须这样理解:当行动者按照道德律令行动时,道德法则应当被整合到行动者的准则当中,而尊重是或者已经是被整合到行动者准则当中的动机。

这可能是康德在此处试图表达的含义,然而,倘若真是这样的话,这是一种很奇怪的想法。因为我们通常会期待他所说的是道德法则,而非我们对它敬重的意识,应该也是我们主观的原则。康德为什么应该认为我们应当把道德法则整合到我们的准则这一事实意味着我们必须把一个心理状态(尊重)整合到我们的准则?当心理状态体现在准则当中时,该状态给行动者的准则增添了什么内容?既然是该心理状态的内容而不是心理状态自身引导了行动,我认为我们应该拒绝把这一对立看作意志的主观和客观决定项的解读。

在《实践理性批判》分析篇第三章,康德提出了另外一种观点。[52] 这里,康德似乎在主张我们首先意识到道德法则的客观有效性;这一意识包含了敬重的感受(作为我们意识到道德法则及其权威的方式);并且该感受转而引导我们接受法则作为我们主观的原则或准则。[53]

尊重似乎并不体现在道德准则的内容当中，而是促使我们把道德法则整合到我们的准则当中，从而将这一客观原则转为我们主观的原则。

然而，该观点的问题在于，它不符合康德在《实践理性批判》中"客观的决定基础同时必须是［道德上有价值的］行动专属和主观上充分的决定基础"[54]，以及在《奠基》中"意志仅仅由法则而不是其他任何动机决定"的主张。[55] 因此，无论康德通过区分主观和客观的决定项，或者动机想说明什么，他的意思都不会是两个不同的动机之间的区分，这两个动机对道德动机而言，单独来看是必要的，结合起来才是充分的。

以上所引用的段落强烈地暗示着他的观点是，客观的决定项（也即道德法则）是或者必定是意志充分的动机，假设我们的意志是善的。但是，如果尊重终究不是唯一或者某一个道德动机，我们就需要知道当康德把它描述成意志的主观决定项的时候，他表达的是什么意思。我认为在《奠基》当中，康德对道德兴趣（moral interest）的论述暗示了一个对尊重在道德动机中所扮演角色的融贯的解释，而这一节的末了，我将勾勒出我所认为的这一观点是什么。接下来我们就能够回答此前所提出来的反驳。

康德把道德兴趣的概念看作对法则的尊重。"所有被称为道德兴趣的东西都仅仅存在于对法则的尊重。"[56] 在《奠基》当中，康德把兴趣（interest）定义为"由于其理性变成实践的，也就是变为了决定意志的原因"。[57]

一个主观的决定原因，或者有限意志的基础，是一个动机。[58] 因此，按照这一定义，道德兴趣使得道德法则构成动机，从而让某人去做应当做的事。既然道德兴趣等于尊重，这意味着尊重使得道德法则构成我们的直接动机。康德在此表达的观点不是尊重是道德动机，而是在有限理性存在者当中，道德动机预设了尊重。所有动机，包括道德动机，都预设了一种兴趣，而相对于道德，这一兴趣就是尊重。然而，认为尊重对于有限理性存在者具有道德上的动机而言是必要的是一回事，认为这一心理状态对这些存在者而言构成了道德动机则是另一回事。所以，我主张当康德说对道德法则的尊重是意志的主观决定项时，他所说的并不是它是某种意义上的主观动机，而是道德法则成为像我们这样的存在者意志的直接动机的主观条件。

但是，有人也许会问，为什么他应该认为尊重对于道德法则成为有限理性行动者意志的直接动机的可能性而言是必要的条件，如果他并不认为尊重是促使我们把道德法则整合进我们准则的动机的话？我相信有三个理由支持这一点。首先，"某些考量不能激发我们，除非我们能意识到它"这一点是非常鸡零狗碎、微不足道的。道德法则要激发我们，我们就必须意识到它，并且尊重就是康德用来称呼这一（敬重的）意识的术语。其次，只有意识到道德法则无条件的权威，我才能直接被它激发，也就是说，假设我意识到了"我的意志服从于法则，而无须我的感受的外部影响来调节"以及"能够消解我的自爱的价值"。[59] 但是，我们能够意识到某事无条件权威的方式只能是尊敬地意识到。因此，为了使道德法则成为意志的直接动机，我们所要预设的并不仅仅是对它的意识，还有对它敬重的意识，而这就是尊重。

最后，尊重之所以是道德法则自身成为意志直接动机的可能性的必要条件，是因为当我们在道德上被激发时，这一心理状态正是激发我们的那种特殊的方式。我们对道德法则敬重的意识并不是道德动机,而是道德上被激发的状态。"康德没有把尊重描述成决定(*Bestimmungsgrund*)的基础,而是描述成被决定的状态本身(*an unmittelbare Bestimmung des Willens*[60])",这一事实支持了该主张。动机并不是被决定的状态,而是让人们的意志进入这一状态的东西(决定的基础),并且让意志进入该状态的并不是我们对法则的意识,而是法则自身。[61] 因此,虽然某人会有动机去履行法则所命令的行为,只要她意识到了道德法则是正确的,但某人的意识就是动机则是不正确的。正如康德在他更谨慎的时候所清晰陈述的,动机就是法则本身。

## 道德动机和内在主义

前文提到我将回应这样一个反驳,即经验证据表明康德的主张"我们只能尊敬地意识到道德法则"是错误的。犯罪分子和罪恶的个体也许会意识到道德法则,但我们为什么要假设他们必定会尊敬地意识到它?这一反驳认为,假设他们无动于衷甚至怀有蔑视地意识到道德法则,难道不是更合理吗?有人或许会利用康德提出用来支持道德法则仅仅会对我们表现为理性的自我限制这一主张的论证,来回答这一反驳。因为,既然我们意识到道德法则的方式只是另一种描述道德法则必定呈现给我们的方式,那么这些论证若支持了后者,它们也会支持前者。但是,这并不能回应反驳。因为按照该反驳,任何声称我们只能尊敬地意识到道德法则的论证都是无效的,或者不可靠的,因为结果与经验事实相矛盾。但基于我的解读,敬重的感受不仅仅是我们意识到道德法则的方式，还是我们被激发去做道德所命令的行为的状态。一旦注意到了后面这一点，康德的主张，即我们只能尊敬地意识到道德法则，并没有像最初看起来那样无视经验事实。因为它等于是在主张我们不被激发去做道德法则所命令的行为就无法意识到它。

为了了解这一点，我们需要注意道德法则永远无法完全抽离内容而呈现给我们。道德法则自身仅仅是普遍必然性的纯粹形式。只有通过认识到某些行动是实践上必要或者必需的，我们才能意识到这一点。只有意识到我们已经或者相信自己有义务做出某些行为，我们才能意识到道德法则。但只有认识到规范性的概念"义务"（obligatoriness）适用于该行动，我们才能认识到我们道德上有义务去做 Φ。在康德的解释中，这一概念的规范性最终可以追溯到普遍性的纯粹形式，也即道德法则自身。尽管如此，只有当我认识到有的行动属于某些道德上规范的概念，比如"应当""责任""义务"，我才能意识到道德法则。如果用这种方式来理解敬重的感受，即它不是道德动机而是道德上被激发的状态，康德"没有敬重，我们无法意识到道德法则"的主张将等同于内在主义，也就是这样一种观点（不要与伯纳德·威廉斯的观点"实践理性必须是内在的"相混淆）：如果一个行动者判断在环境 C 中对她而言做 Φ 是正确的，那么她就会被激发在环境 C 中做 Φ，否则她就是实践上非理性的。[62] 现在我并不试图捍卫内在主义，但它是一个非常合理的观点。正如史密斯所言：

> 说服了我"应该救济饥荒"，你似乎就已经完成了你需要说服我有理由如此行动的所有事。说服了我"有理由去救济饥

荒"——没有意志软弱或者其他的心理上的失败——你似乎就已经完成了所有你需要激发我如此行动的事。[63]

不管内在主义是否正确,相信"认为我应该做 Φ"和"我被激发去做 Φ"存在着概念性的联系,毫无疑问是合理的。因此,如果敬重的感受是道德上被激发的状态,并且只有当我们意识到道德上有义务时,我们才能意识到道德法则,那么认为对道德法则的意识和敬重的感受之间存在着概念性的联系也是同样合理的。如果这些都是正确的,那么康德的主张就不仅仅看起来是合理的,他对该主张的论证也可以看作对内在主义的论证。与许多哲学家不同,康德不仅仅预设了内在主义的真理,他还试图表明为什么这是正确的。所以,如果用我所建议的方式来解读康德,我们不仅能调和他关于尊重和道德动机的许多说法,还能使他的主张"道德感受可以被先验地知道"变得合理。

# 3

# 出于对道德法则的尊重而行动

## 导　论

我们考虑的是对"出于义务而行动"的解读——始于对"什么是出于对道德法则的尊重而行动",并以此解读出于义务而行动。出于对道德法则的尊重而行动最好被理解为出于道德法则而行动;[1]并且,出于道德法则而行动就是仅仅出于某人准则的普遍性而行动。但是,如果道德法则或者仅仅是普遍性是某人行动的依据,那么它必然能够引导行为。出于这一目的,康德提出了道德法则的三种形式:普遍法则公式,目的自身公式,目的王国公式。[2]第一条是道德法则纯粹形式的表达,也就是说,该说法并不涉及目的。第二条是内容性的公式,并且明确了道德行动无条件的目的。第三条是前两条的综合。虽然这些公式并不相同,但它们在形式、内容和完整的决定上紧密相关。[3]

我将在本章提供一种以出于对道德法则的尊重而行动来理解的对出于义务而行动的解释。我将接着论证,虽然有文本证据支持这一解读，但我们不应该以这种方式来理解康德。因为就目前来看，他把道德上有价值的行动看作仅仅出于义务的行动会带来一种极为不合理的后果，即一个道德上善的人不能被他人的需求激发。紧接着锁定这一问题的来源，也就是我们之所以应当履行某些行为是因为它们是绝对命令的要求——在这一观点中，绝对命令是我们应当做某事的规范性理由，或者换句话说，是义务的基础。因此，放弃出于义务而行动的这一解读将会导致我们放弃另一个观点，也就是康德不时主张的我们应当做某事的理由是我们的准则具有法则性本质。这意味着我们必须为（a）出于义务而行动，（b）道德法则的角色，以及（c）义务的基础提供一种不同的解释。我将在第四、第五章完成这些任务。

## 出于绝对命令而行动也即出于对道德法则的尊重而行动

既然我们有三种关于道德法则的不同表述，而这些表述能引导行为，那么问题在于：一个有善良意志的人会出于哪种表述而行动？答案也许指向一个有善良意志的人是仅仅出于其中任何一种表述而行动的人，或者她为了成为道德上善的人而必须出于某个特定的表述而行动。对出于义务而行动的这一解释看起来很有吸引力，如果我们至少允许，而不是要求一个有善良意志的行动者仅仅出于把他人以及她自己当作目的本身来对待这样一种考量而行动，也就是说，仅仅出于目的自身公式而行动。虽然这能使得对康德的解读在这种考量下变得很诱人，但我并不认为我们能够采纳它。对康德而言，一个有善良意志的人会把理性本质或者人性当作她最终的目的，这一点确实是正确的。

作为目的自身公式,即道德法则内容性的公式,为行动设定了无条件的目的。[4] 但我们所考量的并不是有善良意志的行动者所具有的目的或者内化了的目的是什么,而是什么会促使她采取和追求这些目的;并且,康德明确了行动的道德价值可以仅仅来自纯粹形式化的动机,换言之,一个抽离了所有目的的动机。

> 从前面的论证来看,这一点已经很明确了,这些目的——我们行动中可能具有的,并且它们的后果也被视为意志的目的和动机——并不给予行动无条件的和道德的价值。如果我们不能从行为所期待的后果与意志的关系当中找到这一价值,又能从哪找到呢?它只能在意志的原则中被找到,与这些行动能带来的结果无关;因为在它的先验原则(形式化的)和后验动机(内容性的)之间,意志可以说是站在了一个分叉路口;既然它必须由某种原则来决定,那么当一个行动是出于义务的时,它就必须由意志的形式原则来决定,正如我们已经看到的,所有的内容性原则都已经被抽离了。[5]

这一段很容易让人理解为仅仅在主张一个动机缺乏道德价值,如果它表达了一个我们偶然渴望的目的。[6] 但康德此处的要点是,一个动机只有在纯粹形式化时才具有道德价值,因而也就摆脱了任何目的,包括了无条件的目的自身。因此,既然一个行动"必须由某些原则来决定,那么当一个行动是出于义务的时,它就必须由意志的形式原则来决定……所有的内容性原则都已经被抽离了"。[7] 如果当一个人出于义务而行动时，她的行动不能由内容原则来决定，而目的自身公式是内容性的原则——对道德法则的这一表述表达了道德的内容——那么这一表述就不能成为一个有善良意志的行动者行动的准则。出于同样的理由，目的王国公式也被排除了。因为作为道德法则完整的决定，这一公式包含了最高道德原则的形式与内容，因而并不是纯粹的形式。因此，这些段落意味着康德不仅仅认为普遍法则公式是行动最可靠的向导，[8]还认为它是道德行动唯一的决定项或者动机。

这并不是说当我们出于道德而行动时不含目的。[9]对康德而言，所有的意愿（willing）都包含了意愿的某些目的。[10]所以，道德意愿也是如此。关键在于，没有目的，甚至目的自身，能在某人的意愿是道德上为善的时候起到动机的作用。一个人的动机将是纯粹形式上的普遍性，正如它在普遍法则公式中所表达的那样。道德上的好人将是这样的：意愿那些支持或尊重他人自主性的目的——他们的理性本质就是目的自身——因为她的行动准则具有法则性本质。因此，根据这一我们正在考虑的解读，具有善良意志的人是一个仅仅为她准则的普遍有效性所激发的人，这在普遍法则公式中得到了表达。换言之，她是一个仅仅根据绝对命令的这种表述而行动的人。因此，从现在开始，每当提到绝对命令，我指的都是普遍法则公式，另行说明的除外。

康德有时将绝对命令描述为义务的基础，这一事实也支持了这种出于对道德法则的尊重而行动的解读。例如，在《奠基》第一部分的结尾处，他说，如果一条准则不能被意愿为普遍的法则，那么"它就应该被拒绝，其原因并不是它对你，甚至对别人有可能造成损失，而是它不能作为一个原则被纳入普遍法则可能的制定中"。[11]这段话表明，康德认为绝对命令构成了我们为什么应该放弃某些行为的规范性理由。绝对命令的这一概念，我们也可以从《奠基》第二部分的以下段落中看出。

> 现在，所有义务的律令都可以从作为它们原则的这一律令中推导 [*abgeleitet*] 出来，即使不去回答我们所谓的义务是不是一个空概念，至少还可以表明我们对它的理解以及这一概念的含义。[12]

在这段话的后半部分，康德谈及，绝对命令是在告诉我们，义务的概念是什么意思。但他前半部分所说的具体的义务可以从绝对命令中推导出来，进一步支持了他认为绝对命令是这些义务的基础的观点。让我们将此称为绝对命令的辩护性概念。这一观点似乎是，我们应当（有责任）做出某些行为，例如信守承诺、诚实或帮助有需要的人，因为相反的行为的准则（即违背承诺、撒谎或不帮助有需要的人）不能被设想，或意愿为普遍的法则。如果康德以这种方式思考绝对命令，即作为我们应当做某事的理由，那么它就是一个道德上的好人倾向于做出这些行为的理由。这是因为对称性论题将一个人应当做 Φ 的规范性理由与一个好人会做 Φ 的动机性理由等同起来，反之亦然（在有利的条件下）。

然而，把绝对命令看作我们各种道德义务的唯一辩护这一观点归于康德，似乎是非常反直觉的；而认为绝对命令是道德要求最终或最基本的辩护，其他证据性的道德考量也是我们应当履行某些行为的理由，似乎要合理得多。尽管这是一个更为合理的观点，却很难看到我们如何将其归于康德。因为,这一观点即绝对命令所表述的道德法则只是我们应当做出某些行为的理由之一(尽管是最基本的),与他的另一个观点即一个有善良意志的人倾向于仅仅出于对道德法则的尊重而行动不一致。[13] 因为如果道德法则只是我们应当以某种方式行动的理由之一,而一个具有善良意志的人是出于"她应当如此行动"的理由而行动的人,那么她将是一个倾向于做她应该做的事,而不仅仅出于对道德法则的尊重,还出于这些其他的考量的人。但是,如果这些其他的考量(无论它们是什么)都是动机,并且这些动机是道德上好的行为的必要条件,那么对道德法则的尊重这样的动机就不充分了。然而,很明显,康德认为对出于这一动机的具有道德价值的行动而言,对道德法则的尊重不但是必要的,而且是充分的。[14]

这一点在《道德形而上学》中得到了进一步的支持。康德在该书中说道:

> 对于任何一项义务,只能找到一个基础;如果有人对一项义务提出了两个或更多的证明,这无疑表明他还没有找到一个有效的证明,或者他把两个或更多不同的义务误认为一个义务。[15]

如果任何义务只能有一个基础,并且,如果道德法则是义务的基础,那么它就必须被视为我们应当履行某些行为的唯一理由。诚然,这段话强烈暗示,不同的义务有不同的基础;这不利于所有义务都有一个共同基础(即道德法则)的观点。但在本作中,我试图表明的部分内容是:在康德那里,没有一个对出于义务而行动的单一解释,也没有一个对义务的基础的单一解释。有时他好像认为道德法则是正确行为的唯一决定因素，而在其他情况下，特别是在《道德形而上学》中，他提出了更直观的观点，即不同的义务是由不同的考量所产生的。[16] 我将在第四、第五章提出的对出于义务而行动的解释，符合后一种观点，而目前所考虑的，符合前一种。但是，无论康德是否认为一个考量会带来所有的义务，很明显，他认为对于任何一个义务而言，只能有一个基础。因此，如果接受绝对命令的辩护性概念，绝对命令将不得不被视为我们应当以某种方式行动的唯一规范性理由。

当然，我们可以放弃对任何义务而言只能有一个基础的观点，从而坚持更为合理的观点，即绝对命令是我们应当履行某些行为的一个理由，但不是唯一的理由。但这样一来，第一个困难就会重新出现。因为如果道德法则不是我们应当做某事的唯一的规范性理由，那么它作为一个动机，就不足以使该行为成为道德上善的行为。鉴于对称性论题，其他规范性理由对于它们所激发的行为的道德价值来说，是必要的。我们可以放弃对称性论题和任何义务只能有一个责任基础的观点。尽管那样康德就将能够坚持他的中心论点，即道德法则是一个足以使行为具有道德价值的动机，而不承诺道德法则是应当履行该行为唯一的理由，他却将无法坚持道德与理性之间存在着本质且直接的联系。因为这样一来，行动的道德价值就有可能脱离我们应当如此行动的规范性理由。因此，如果我们要认真对待"绝对命令"的辩护性概念，我们就必须把它看作义务的唯一依据。

然而，出于其他原因，这似乎不是对"出于义务而行动"的一个有前景的解释。因为绝对命令通常只被视为衡量一个人动机性理由和原则的标准，而不是激发一个道德上善的人行动的唯一考量。[17] 把绝对命令看作一种标准，就是把它看作一种手段，通过这种手段，我们可以知道指导我们慎思的某些原则或理由是可允许的还是不可允许的。另一方面，把它作为一个人的唯一动机性理由，就是把它看作实际上给了我们应当如此行动的理由。此外，我们有充分的理由以这种方式思考绝对命令。我们的担忧是，如果我们认为绝对命令不只是一个标准性的作用，它就会产生非常不合理的结论。[18] 因为并不是所有行动的准则都可以被意愿为普遍的法则，因而那些通过绝对命令检验的行动就是道德所要求的。有些只是可允许的。因此，如果我们认为绝对命令在某种程度上产生了义务，那么这些显然是可允许的行为就会变成道德上的义务。[19]

我不想否认康德的作品中有很多证据支持了这一观点，即他只将其视为道德行为的标准，而非唯一的基础——相反，我将在后面论证，这就是我们应该理解康德的方式。康德以多种不同的方式来设想绝对命令，并且没有明确区分这些方式。[20] 我在这里想说的是，如果将康德解释为是在声称一个道德上的好人会仅仅出于绝对命令而行动，他就得承担起这些荒谬的后果。是否如此，取决于我们如何理解出于对道德法则的尊重而行动。如果有人将其解读为是在说一个道德上的好人倾向于做她应该做的事，仅仅是因为她的准则可以被意愿为普遍法则而不产生矛盾，那么他就会陷入这个困境。因为如果一个道德上的好人做她应该做的事的理由倾向于与她应该这样行动的规范性理由相同，那么我们会发现，使行动具有义务性唯一需要考虑的是它们的准则可以被普遍化而不产生矛盾。但正如我们已经注意到的，仅仅是可允许的行动的准则也可以被普遍化而不产生矛盾。因此，如果仅仅是普遍性使行动具有道德上的义务性，那么（很显然）仅仅是可允许的行动将被视为具有道德上的义务。

但是，这个问题完全可以通过以不同的方式理解"仅仅出于对道德法则的尊重而采取行动"来避免。就被禁止的行动而言，我们可以理解为它之所以克制某种行为，只是因为它的准则不能在没有矛盾的情况下被普遍化；而就义务性行为而言，我们可以理解为它之所以做自己应该做的事，只是因为矛盾的行为的准则不能被普遍化。简单起见，让我们把义务性行动的准则——那些行动的矛盾表明了其准则不能被意愿为普遍法则而不产生矛盾——称为"法则性"准则。"普遍有效的准则"这一术语将仅仅指那些可允许的行动的准则，即那些行动的准则是可普遍化的，并且与之矛盾的行动准则也是可普遍化的。如此理解，一个有善良意志的人就会倾向于信守承诺，例如，仅仅因为这一行动的准则是法则性的，换言之，因为不信守承诺的准则不能被意愿为普遍的法则，而她之所以诚实，仅仅是因为不诚实的准则不能被普遍化。这种解释不会使得仅仅是可允许的行为具有道德义务。因为尽管这些行为有普遍有效的准则，但在我使用这个术语的意义上，它们并不是法则性的。如果我没有履行一些仅仅是可允许的行为，比如早上看报纸，下午一点吃午饭，或者晚饭后饮茶，我的准则仍然是可普遍化的。

现在，如果康德认为我们应不应当做出某些行为的原因仅仅是它们的准则具有法则的形式，而且如果一个相关的知识丰富的行动者做 Φ 的理由倾向于与她应当做 Φ 的理由相同，那么一个有善良意志的行动者将会是一个倾向于仅仅为她准则的法则性本质所激发的人。

我不想宣称这是理解康德所说的"出于义务而行动"的概念唯一的方式,当然它也不应该被这样理解。正如我们在第一章中所指出的,出于义务而行动的概念可以通过更符合常识的方式来理解,即某人做他应当做的事只是因为他应当如此行动,在第四章和第五章中,我将提出第三种解释,我认为这是对康德最合理的解释。我这里所宣称的只是,我们可以用这种方式来理解康德的"出于义务而行动"这一概念,而且这样做就可以避免第一章所提出的批评。

第一章中提出的问题是,如果我们把出于义务而行动看作仅仅因为我们应该如此行动而行动,那就会得出一种荒谬的观点:我们应当如此行动的唯一原因是我们应当履行这些行为,当然,这根本不是(规范性的)理由。因此,如果一个道德上的好人是一个倾向于仅仅出于义务而行动的人,那么她将是一个倾向出于道德考量而行动的人,而这种考量既不是她应当如此行动的一个理由,也不是唯一的理由;道德和理性之间的联系将不复存在。然而,如果我们把康德的"出于义务而行动"解释为出于绝对命令而行动,那么这种联系似乎得以保持。因为我们没有理由认为绝对命令不可能成为我们应当履行某些行为的理由。

但是,尽管这种解读有文本证据,并且不容易受到迄今所讨论的困难的影响,却仍然是我们应当拒绝的一种解读。因为如果我们以这种方式解释康德"出于义务而行动"的概念,他就会得出一个非常不合理的观点,即一个道德上的好人无法为他人的需求所激发。她可能会把别人的需求当作她的目的,也可能不为任何自私的或别有用心的动机而这样行动。然而，她不可能由于其他人有需求而采用这个目的。因此，这种解读使康德容易受到一些新亚里士多德主义者对他的批评。[21] 如果绝对命令是应当履行某些行为唯一的原因，因此也是一个有善良意志的人倾向于履行这些行为的唯一原因，那么在她帮助有需要的人并且道德上如此要求的情况下，她不能因为这个人有需要而采取行动，而只是因为她行动的准则是法则性的。这不是一个关于需要帮助的人的事实，而是一个关于她自己的、她准则的事实，这一事实激发了康德式的具有善良意志的人。因此，尽管这种对出于义务而行动的解读会拯救道德和实践理性之间的联系，它却只建立在一个不合理的预设之上：一个道德上的好人不可能被激发，或者至少不可能仅仅被他人的需求激发。

## 道德动机和他人的需求

我曾主张，如果我们把出于义务而行动解释为出于对道德法则的尊重，那会得出这样的观点：一个道德上的好人不能因为想到他人而被激发去帮助他们，而只有通过想到自己，想到她那具有法则性本质的准则才能被激发。如果这是对的，那么它显然是康德道德价值解释中的一个缺陷。但这种批评假定，对康德来说，一个行为只有当它仅仅出于义务（即仅仅出于对道德法则的尊重）时才具有道德价值。这一假设到目前为止并没有得到支持。倘若一个人出于义务和倾向，或者出于义务和同情而行动，他就会出于义务而行动。[22] 既然出于义务而行动就足以使一个行为具有道德价值，那么可以说，一个行动若是出于义务和倾向，或者出于义务和同情的，它就具有道德价值。如果这是对的，一个道德上的好人仅仅想到他人就可以在他们应该帮助他人时被激发去如此行动，即使出于义务而行动被理解为出于对道德法则的尊重而行动。因为，只要一个人是被他的准则的法则性本质和他人的需求激发的，他就会出于对道德法则的尊重（和对他人的关心）而行动。那么，这个人的行动将具有道德价值。因此，必须要解决的问题是，动机由多重因素决定的行动能否含有道德价值。如果不能，上述对有道德价值的行动的批评就无法成立。

　　康德从未明确考虑过多重因素决定的行动是否具有道德价值的问题。因此，仅仅根据文本证据，很难提出一个决定性的观点。有一些段落支持这样的观点，即他不认为这种行为可以具有道德价值。例如，在《实践理性批判》中，他写道："客观的决定性理由必须同时是行动的唯一且主观上充分的决定性理由，如果后者不仅要满足法则的字面上的要求，还要符合其精神的话。"[23] 他在这里主张，为了使一个行动具有道德价值，义务不仅必须是一个充分的动机，还必须是唯一的动机。如果义务必须排除所有其他动机才能使一个行动具有道德价值，那么多重因素决定的行动就不可能具有道德价值。但是，在没有说明康德为什么认为义务是唯一的道德上好的动机的情况下，像这样的段落不能决定"多重因素决定的行动是否具有道德价值"。因为，决定这个问题的唯一方法是，首先说明康德为什么认为只有出于义务的行动才有道德价值，然后再看多重因素决定的行动是否符合这一解释的要求。然而，我不打算过早讨论为什么康德认为只有出于义务的行动才有道德价值，在第六章我将论证它们不能。因此，我不能在这里解决关于多重因素决定的行动是否具有道德价值的问题，但会在以下预设的基础上进行讨论：上述段落反映了康德的观点，即一个行动只有在仅仅出于义务的情况下才具有道德价值。后面我会为这一假设的合理性辩护。

假设这个预设成立，如果出于义务而行动被理解为出于对道德法则的尊重而行动，那么有道德价值的行为将是那些，也只能是那些仅仅出于对道德法则的尊重而采取的行动。如果这是正确的，那么根据"出于义务而行动"的这种解释，康德似乎得出了这样一种观点：一个道德善上的人在她应该施以援手的时候，会仅仅被关于其准则的法则性本质的想法激发。这是很奇怪的，因为这将意味着当她应该帮助别人时，她无法通过对他人的关心而产生动机。[24]

对这一批评可以给出两种回应。有人可能会反对的是：第一，在康德的解释中，一个有善良意志的人仅仅出于义务而行动，并不只是为了履行她的义务，还是为了提供帮助。第二，我没有考虑到许多评论者对义务作为主要动机和作为次级动机所做的区分，[25]而正是这一错误使得康德的说法看起来如此不合理。我将依次处理这些问题，并论证这两种回应都没有充分解决我的担忧。

第一种回应主张，某人仅仅出于对道德法则的尊重而行动这一事实并不意味着她的行动仅仅是为了执行道德法则的命令；出于义务而帮助他人，也是为了提供帮助，这两者是融贯的。因此，可以论证对他人处境的想法可以存在于一个仅仅出于义务而行动的人身上，即使这被理解为仅仅出于对道德法则的尊重而行动。

为了了解这种反驳是否充分解决了我的担忧，我们需要清楚地知道，当一个人声称他可以出于义务而行动，但并不是为了满足自己的义务，而是为了提供帮助时，他所陈述的是什么。根据我的理解，这一主张的大意为一个有善良意志的行动者会履行那些能够提供帮助的最佳方式的行为，并且她可以仅仅出于义务而如此行动。也许 A 帮助 B 是因为她判断在这种情况下她应该帮助 B。她判断 Φ 的行动是这种情况下帮助 B 的最佳方式，因此为了帮助 B 而出于义务做 Φ（作为帮助 B 的方式）。从绝对命令的概念来理解，A 做 Φ 是为了帮助 B，因为这个行为的准则是法则性的，也就是说，它可以被意愿为普遍的法则，而矛盾的行为的准则不能被如此意愿。然而，这是否解决了问题的争议点则并不清楚。因为一旦 A 决定了 Φ 这一行动是帮助 B 的最佳方式，她将仅仅出于义务而做 Φ——仅仅因为她的准则是法则性的——而不是因为 B 需要帮助。A 可能完全出于义务而做 Φ 以提供帮助，但她的动机性思想的内容是她准则的法则性本质，而不是 B 的需求。

如果我们把为了提供帮助（出于义务）而做 Φ 理解为，有善良意志的行动者不是旨在履行她的义务（拥有法则性的准则），而是为了帮助有需要的人，这一点也是成立的。具有善良意志的人的独特之处不在于她的目的，而在于促使她追求这个目的的动机。[26] 在她被要求帮助某人的情况下，她会因此从义务的动机出发以这个目的（帮助他人）为目标。但我担心的不是有善良意志的人只有在其想法能被看作"道德上的要求"这种描述时才以义务性的行动为目的，而是她仅仅因为行为的准则是法则性的，而非他人需要帮助，就以这个行动为目的。这不是担心行动者旨在实现这一目的的描述，而是她旨在实现这一目的的理由；鉴于绝对命令的辩护性概念，她旨在帮助他人的理由不是他需要帮助，而是她的准则是法则性的。因此，我的担心并没有因为指出有善良意志的行动者可以为了提供帮助而采取行动就得到解决。

然而，也许有人会论证我没有区分作为主要动机和次级动机的义务；并且，当我们区分了义务能够激发我们行动的不同方式之后，就能表明一个康德式的具有善良意志的人能够被激发去履行道德上要求的行为，而促使她行动的是关于他人境况的考量，即使出于义务而行动可以被理解为出于对道德法则的尊重而行动。

芭芭拉·赫尔曼将义务区分为作为主要动机的和作为次级动机的。主要动机是行动者的动机性理由，也即激发行动者履行某些特定行为的原因，它可能是对义务的想法，也可能是倾向、爱或友谊的一个理由。次级动机是一种调控性的概念，引导着行动者所做出的行为类型（出于某种主要动机）。在一个行为不是义务性的情况下，一个人不能出于义务的主要动机而行动。[27] 因为一个人不能仅仅因为它是自己的义务而做出一个仅仅是可允许的行为。在这种情况下，一个人的主要动机必须是一个非道德的动机，如友谊或爱。尽管如此，一个有善良意志的行动者，其行动仍然会受到作为次级动机的义务的支配。这意味着，可允许的行为只有在可允许的条件下才会被履行。[28] 因此，它出于非道德的主要动机而得以履行，但受到作为次级动机的义务的支配。[29]

赫尔曼对义务作为主要动机和作为次级动机的区分回应了我的担忧：一个康德式的具有善良意志的个体会仅仅因为想到了她准则的法则性形式，就被激发去做她应该做的事，也因此不可能因为想到了他人的处境而被激发去行动。为了弄清这是否成立，我将列出可允许的和义务的行动中主要动机和次级动机所有可能的组合。

（A）一个出于非道德的主要动机而履行的可允许的行为，伴随着义务作为次级动机。

（B）一个出于非道德的主要动机而履行的可允许的行为，伴随着非道德的次级动机。

（C）一个出于义务作为主要动机而履行的义务性行动，伴随着义务作为次级动机。

（D）一个出于义务作为主要动机而履行的义务性行动，伴随着非道德的次级动机。

（E）一个出于非道德的主要动机而履行的义务性行动，伴随着义务作为次级动机。

（F）一个出于非道德的主要动机而履行的义务性行动，伴随着非道德的次级动机。

我们不需要考虑（B）（D）和（F）。因为，虽然这些主要动机和次级动机的组合是可能的，但它们并不是有善良意志的行动者的选择。一个有善良意志的行动者不可能按照（B）行动，因为她的行动必须受到对其准则的合法性或普遍有效性的关切的制约，因而受到作为次级动机的义务的制约。同样地，（F）中描述的动机模式对一个有善良意志的行动者来说也是不可能的，因为义务根本没有起到任何作用。

在康德看来，（D）也是不可能的，虽然这一点不太明显，但它还是被排除了。因为在次级动机中出现的非道德考量将支配我出于义务的主要动机而做出的行动类型。我会履行我应该履行的行为，仅仅因为我应该如此行动，但条件是我的行动符合次级动机中所规定的非道德条件。例如，假设我的次级动机是同情心，但我做 Φ 的主要动机是义务。同情作为次级动机的意义在于，它作为一个条件，在该条件下，我把我的主要动机（此处是义务的动机）看作是充分的。缺乏对某人的困境的同情，我就不会把义务当作主要的动机来帮助他们。但是，鉴于我对那些我的行为所帮助过的人的困境心怀同情，我会仅仅出于义务（主要的动机）而做 Φ。这显然与康德关于有道德价值的行为的动机结构的观点相悖，也与赫尔曼对此的解读相悖。因为它使得对义务的考量从属于其他考量，在这个意义上，它将使后者变成前者的条件。[30] 因此，我将忽略（D），以及（B）和（F）。

同时，忽略（A），因为我关注的不是可允许的行为，而是义务性的行为以及我们为什么要履行这些行为。那么，剩下的选择就是（C）和（E）。（C）对解决我的担心毫无帮助，因为义务在两个层面都起作用。根据（C），行动者行动的原因仅仅是她的行为准则是法则性的（主要动机），而且只有在它是法则性的或普遍有效的条件下（次级动机）才行动。因此，赫尔曼对主要动机和次级动机的区分能够支持"出于义务而行动"的解释的唯一方式就是符合（E）。因为当一个人做出一些义务性的行动时，比如说帮助有需要的人，根据（E），他会从义务出发（作为次级动机），而他的主要动机可能包含对对方情况的关注。那么，关于某个人的准则的法则性本质的想法就不会作为主要动机发挥作用，而是纯粹的调节作用。

但这种印象具有误导性。按照赫尔曼的想法，当义务只是作为一个次级动机发挥作用时，人们并不是出于义务而行动。她写道："只有在其作为主要动机发挥功能时，人们才会出于义务的动机而行动。"[31] 因此，康德式的具有善良意志的人不能按照（E）行动。她只能按照（C）行动；这就没有触及所考虑的对"出于义务而行动"的解释的担忧。如果我在道德上被要求做出某些行为，仅仅是因为我的准则是法则性的，那么我的主要动机就不能是，或者不能包括对他人需求的思考。

也许对义务作为主要动机和作为次级动机之间区别的解释稍作修改，这个问题就能迎刃而解。马西娅·巴伦以一种与赫尔曼稍有不同的方式来设想作为次级动机的义务，并希望强化这个角色中的义务成分。在这一节的最后，简要地探讨巴伦对赫尔曼的区分所做出的修正版本。我将论证，这种理解未能处理对出于义务而行动的批评，即理解为出于对道德法则的尊重而行动。不过，我将在第四章尝试发展她的说法，而这只有在它摆脱了绝对命令的辩护性概念的束缚之后才成为可能。

按照巴伦的说法，义务作为次级动机并不像赫尔曼所说的那样仅仅具有规范的作用，它还表达了行动者对道德的承诺，并且是"关于适当的关注、适当的目的排序和适当的道德反思"的动机。[32] 那么在康德对有道德价值的行为的解释中，（E）似乎是一种真实的可能性。因为即使一个人的主要动机不是义务，他也可以出于义务而行动。[33] 此外，她主张，在道德上重要的不是作为主要动机的义务，而是义务的次级动机。她写道：

> 我们并不看重出于义务这一主要动机而采取的行动。重要的是，该行为符合义务，而且它不是偶然的：它之所以符合义务，是因为行动者通过履行正确的行为来管理她的行为。[34]

如果（E）对一个有善良意志的人而言是一种真实的可能性，那么似乎一个人可以出于义务而行动，同时将对他人境况的想法作为主要动机。[35] 如果这是正确的，那么，出于义务而行动并不意味着行动者仅仅被关于她准则的法则性本质的想法激发，而排除了对其他人的想法。义务是唯一的次级动机，但根本不需要作为主要动机出现。如果这是正确的，那么我的反对意见就得到了解决。

但我并不认为这对康德的具有善良意志的人这一概念来说是一种真正的可能性，即使人们接受了巴伦的观点——哪怕义务不在一个人的主要动机思想的内容中出现，他也会出于义务而行动。出于义务作为次级动机而行动的道德价值的关键点在于，如果一个人履行了正确的行为，"它的正确性将不是偶然的"。她主张，这之所以不是偶然的，是因为在次级层面上，行动的动机是行动者对道德的承诺，即履行正确的行为。这一主张的问题是，行动者对道德的承诺只有在行动者出于正确的理由做正确的事情时，才会使她的行为的正确性变得非偶然。因为如果一个人出于错误的原因做出了正确的行为，那么在这种情况下，某个人做了正确的事情这一事实就是偶然的。它是偶然的原因，与有些信念的真值也是偶然的原因相一致，如果一个人不是出于正确的理由而持有某种信念，那么这种信念的真理也是偶然的。什么是正确的理由？这些理由应该是相关行为应当被履行的理由，即义务的基础。因此，在次级层面出于义务而行动，并不足以使一个人的行为的正确性成为非偶然的。只有当义务作为次级动机发挥作用，同时受到一些想法（在主要层面）的激发时，这些想法的内容才是义务的基础，一个人的行为的正确性才会是非偶然的。但根据绝对命令的辩护性概念，义务的基础是行动者准则的法则性本质。因此，鉴于绝对命令的辩护性概念，义务将不能仅仅在次级层面上发挥作用，它还必须作为某人的主要动机发挥作用。用绝对命令这样的话来说，这意味着出于履行这些行为的承诺而行动的人，她们的准则具有法则性（次级动机），并且她准则的法则性本质也会发挥唯一的主要动机的功能。如果这是正确的，那么马西娅·巴伦对"出于义务而行动"的理解并没有解决我的担忧。

## 拒绝绝对命令的辩护性概念

人们可以通过拒绝以下任何一种或全部的观点来避免迄今为止提到的所有困难：（1）对称性论题；（2）具有善良意志的人仅仅出于义务而行动或倾向于行动的观点；或者（3）对于任何义务来说，只有一个基础，即规范性理由，会产生相应的义务。但这些选择是有限的。从表面上看，比如，我们无法在不拒绝（1）的情况下拒绝（2）或（3）[36]——尽管我们可以同时拒绝（2）和（3）并持有（1）。因为如果对称性论题是正确的，那么在只有一种考量可以产生义务的情况下，就不可能出现：一个道德上的好人倾向于被不止一种考量激发去履行她应该履行的行为。同样地，我们也不可能持有这样的观点，即如果不止一种考虑能够带来这些道德要求，那么一个有善良意志的人就会倾向于只受一个道德考量激发去做她应该做的事，除非我们放弃对称性论题。然而，如果我们不同时拒绝这三个论题，比如只拒绝（1）和（3），我们就可以认为有善良意志的行动者是一个倾向于仅仅出于对道德法则的尊重而做她应该做的事情的人，同时持有这样的观点：具体的义务是，或者至少可以是由多种证据性的道德考量所产生的。然而，这样做的问题是，我们将无法坚持"道德和理性之间存在着本质且直接联系"的观点。因为我们会切断一个行动具有道德价值所依赖的东西与我们实施该行动的规范性理由之间任何的根本联系。如果我们坚持（3），但放弃（1）和（2），情况则会更糟糕。因为那时我们不仅不能持有康德主义的观点，即道德和理性之间存在着本质且直接的联系，还得放弃康德主义的核心观点，即一个有善良意志的行动者是一个仅仅出于义务，也就是出于对道德法则的尊重而行动的人。

然而，我们可以通过放弃绝对命令的辩护性概念来保留这三种观点。因为如果绝对命令不是义务的唯一基础，那么道德上的好人在她们应该帮助别人的时候，就不会仅仅因为对其准则的法则性本质的意识而被激发。当然，这是否会起作用，取决于对出于义务而行动的另一种解释，即第一章中所拒绝的常识性的观点，以及我们不得不拒绝的把它看作出于对道德法则的尊重而行动的解释；也取决于我们用什么规范性的道德理由的理论来填补康德的理论中因拒绝绝对命令的辩护性概念而留下的空白。我将在第四章和第五章讨论这些问题。首先，讨论是否有理由放弃绝对命令的辩护性概念，而不是认为它能允许我们解决这些困难？我认为确实有这样的理由。

绝对命令这一概念的问题在于，当它被视为义务唯一的基础时，它显然产生了错误的答案。我所想到的问题并不是绝对命令产生了绝对边界约束这一事实，或者说假定的事实，这些绝对边界约束是非常不合理的。[37]即使我们把绝对命令看作必要的，而不仅仅是唯一的规范性道德理由，这一问题仍然存在。我所想到的困难来自绝对命令的辩护性概念与康德的观点的结合，即义务只能有一个基础。问题在于，如果我只应当履行这样的行为，也就是这些行为的准则是法则性的，并且没有其他东西决定我在特定的环境中应该做什么，那么结果就是我应当履行的行为总是按照具有析取的内容的律令行动。因为有许多行为，其准则不可能被设想或意愿为没有矛盾的普遍法则，例如，出于自我利益而说谎、违背诺言、对他人漠不关心以及不发展自己才能的行为。这意味着，有许多行为的准则是有法则形式的（正如我所使用的这个术语），例如，实事求是、遵守承诺、帮助他人以及发展自我才能的行为。因此，如果我在任何情况下都根据这些行为的准则行动，我就是在按照具有法则形式的准则行动——根据一个可以被设想或意愿为普遍法则的准则行动，而不能按照产生矛盾的准则行动。但是，如果我准则的法则性本质足以使我的行为在道德上是正确的（如果它是义务的唯一依据，这一点就必定是正确的），那么我只要按照这些准则中的任何一条行事，就履行了正确的行为。因此，如果绝对命令是我们应当如此行动的唯一规范性理由，就会得出这样的结论：当且仅当我们按照义务行动时，我们的行为才是正确的，要么是实事求是，要么是遵守承诺，要么是帮助他人，要么是培养自己的才能，等等。但很明显，在很多情况下，如果按照这种析取的义务行动，我并没有履行我应该履行的行为。例如，在一种情况下，当我能以对我来说很小的代价拯救某人的生命时，我选择的却是简单地告诉某人一些微不足道的真相，我显然没有履行我应当履行的；但我的行为是符合这种析取的义务的，因为实话实说是其中一个析取项。同样，如果我只是为了练习吉他而不遵守承诺，那也是一样的。因为我将再次按照析取的义务行事，它的其中一个析取项是"培养我的才能"，而且我会通过练习在某种程度上做到这一点。出于这个原因，我们不能合理地认为绝对命令是义务的唯一依据。

这样我们就可以放弃它是一个规范性理由的观点，或者对任何义务来说只有一个义务的基础的观点。初看之下，后一种选择似乎更有吸引力，因为它使康德能够持有绝对命令是我们应该如此行动的规范性理由的观点，而不会带来荒谬的观点，即如果我们按照上述析取的义务行动，我们就做了我们应该做的事。但是，我认为如果我们拒绝绝对命令的辩护性概念，就可以提供一个更合理的解释；而如果我们这样做了，就必须提供一种替代性的解释：（a）对仅仅出于义务而行动的解释，该解释不会迫使我们反对对称性论题；（b）对义务的基础的解释；以及（c）对绝对命令的作用的解释。我现在要谈的就是这些任务。

# 4

# 出于义务而行动的另一种解释

## 导 论

到目前为止,关于"出于义务而行动"的两种解释都给康德的道德理论带来了很大的困难。根据第一种解释,仅仅出于义务而行动是做一个人应该做的事,只因为他应该如此行动。根据第二种解释,出于义务而行动是仅仅出于对道德法则的尊重,或个人准则的普遍性而行动。第一种解释的问题在于,鉴于对称性论题,它产生了一个荒谬的结论:我们应当履行某些行动唯一的(规范性)理由是我们应当履行这些行为,而这根本不是理由。只有放弃对称性论题(即认为一个道德上的好人做出某一行为的理由和应当做出这一行为的理由往往一致)才能避免这一结论。但是,如果我们放弃这个论题,康德就不能再坚持他的核心观点,即道德和理性之间存在着本质且直接的联系。因为一旦我们放弃对称性论题,"一个行为之所以在道德上是好的"和"应当如此行动"的规范性理由之间就不存在任何联系了。因此,尽管这种对出于义务而行动的解释有诱人之处，如无必要，我们不应该以这种方式解读康德。

第二种解释绕过了这个问题。根据这一观点，出于义务而行动是出于对道德法则（即普遍性）的尊重而行动。尊重是一种复合的心理状态，包含了对道德法则的意识和道德感受——可以称为敬重的感受（不要与尊重混淆，尊重是复合的整体，而敬重是其中的一部分）。然而，敬重不应该仅仅被理解为对道德法则的意识的后果，而应该被理解为我们能够意识到它的唯一方式。这样理解，尊重就是对道德法则敬重的意识。要解开康德关于"出于对道德法则的尊重而行动"的各种说法是非常困难的。有时他说，尊重的情感的方面（敬重的感受）是唯一的道德动机，而在其他时候，他说认知的方面（对道德法则的意识）是唯一的道德动机。但我认为，我们最好理解为他持有这样的观点：既不是对道德法则的意识，也不是我们意识到它的方式，而是道德法则本身，是唯一的道德动机。如果这没错，那么，出于对道德法则的尊重而行动，就不是出于对道德法则敬重的意识而行动，而是出于我们所尊敬地意识到的东西——道德法则本身——而行动。但是，如果我们仅仅出于道德法则即仅仅出于普遍性本身而行动，那么就必须出于对这个原则的某种表述而行动，而这个原则是能够指导行动的。由于在道德动机方面，康德认为我们必须出于一个纯粹的形式性原则而行动，所以出于对道德法则的尊重而行动必须被理解为出于绝对命令而行动，该命令是普遍法则公式的一种表达。只有这样，我们才是出于一个纯粹的形式性原则而行动，也就是说，该原则能够将无条件的价值赋予出于其的行动。

但是，尽管单纯的普遍性可以成为我们应当如此行动的规范性理由而不受针对第一种出于义务而行动的解释所提出的批评的反驳，它却容易受到其他反对意见的批评。这一解释的问题在于：（a）它意味着具有善良意志的人不可能被或者至少是倾向于被他人的需求激发，去做她应当做的事情；（b）它使康德承诺了我所说的绝对命令的辩护性概念，也就是说，把它视为义务唯一的基础，即我们在道德上被要求履行某些行为的唯一规范性理由。这两个困难使这种对出于义务而行动的解释变得非常不合理。第一个困难意味着，一个具有善良意志的人之所以倾向于被激发去帮助他人（当他们在道德上被如此要求的时候），并不是因为关于他人的事实，例如他们有需要，或者处于困境，而只是因为关于他们自身的事实，关于他们准则的法则性本质。第二个困难意味着，对于任何情况，只要我按照析取的义务行动，我就已经履行了我应当履行的行为，要么是实话实说，要么是遵守承诺，要么是帮助他人，要么是培养自己的才能，等等。但是，要按照这个要求行事，我只需要满足其中任何一个析取项的要求；而这显然是错误的。在我可以帮助某位处于困境之中的人而只付出一点或者不付出任何代价的情况下，例如只告诉某人一些微不足道的真相，我显然没有做到我应该做的事。但我已经按照析取的义务行动了。

在上一章结束时，我建议我们应该拒绝绝对命令的辩护性概念。现在需要做的是：（a）一个对出于义务而行动的解释，它不会迫使我们否认对称性论题；（b）一个对绝对命令的作用的解释；以及（c）一个对具体义务的基础，即规范性道德理由的解释。

## 出于义务而行动的另一种解释

通过区分主要动机和次级动机，马西娅·巴伦为解释对"出于义务而行动"提供了一种可能性，即允许诸如麦克道威尔之类亚里士多德主义者所热衷强调的那种具体考量（他人的需求、我承诺了做 Φ、我亏欠某人等等）去激发一个道德上的好人去做她应该做的事，同时仍然是出于义务而行动。因为这使得义务或者道德法则可能成为行动的次级动机，而这些具体的考量起到主要动机的作用。与赫尔曼一样，她主张对康德而言重要的是某人行为的正确性与其动机之间非偶然的联系。我在第三章论证了，只有当一个主要的动机性想法的内容是应该如此行动的规范性理由——义务——的基础时，一个人的动机与其所产生的行为的正确性之间的这种非偶然性关系才能得到维持。但是，鉴于绝对命令的辩护性概念，人们应该出于自己的准则是法则性的这一想法而履行相关的行为；而这相当于出于作为主要动机的义务来行动。因此，我表明，鉴于绝对命令的辩护性概念，出于义务或出于对道德法则的尊重（作为次级动机）而行动，也会要求行动者出于义务或出于对道德法则的尊重（作为主要动机）而行动。但若我们放弃绝对命令的辩护性概念（我认为我们应该这样做），并配合这样一种观点，即特定义务是由麦克道威尔热衷强调的那种具体情况下的考量所产生的，比如他人的需求或我的承诺，就会出现不同的情景。

在批评巴伦对出于义务而行动的解释时，我坚持认为，我们不能仅仅通过把出于义务而行动当作次级动机来坚持行动者行动的正确性所具有的非偶然性。我承诺履行正确的行为不足以使我的行动的正确性具有非偶然性，除非我也出于正确的理由而做出正确的行动。正确的理由是一种动机性的想法，它的内容（无论内容是什么）是使特定行为具有义务性。目前为止，我们还没有说明义务的基础是什么，因为我们已经拒绝了它是绝对命令的想法，不过对这个问题的讨论将推迟到下一章进行。尽管如此，如果我们暂时假设引起特定义务的是具体的考虑，比如（但不仅仅是）他人的福利，那么，出于义务帮助需要帮助的人将是仅仅出于他需要帮助的想法（主要动机），伴随义务作为次级动机而履行的义务性的行为。正是因为义务在这里起到次级动机的作用，所以一旦我把他人的需求看作引起帮助他这一道德要求的考量，我就会把它看作是充分的。因为出于作为次级动机的义务而行动，就是把我自己视为有足够的理由去履行某些行为（在主要层面），只因我判断它是道德上的要求。

这一主张似乎使我不得不承认出于义务而行动既起到主要动机又起到次级动机的作用，但事实并非如此。因为我认为自己有充分的理由去如此行动，仅仅是基于我判断它应该被履行，这一事实并不意味着我把这种道德上的裁决当作我所认为的充分的理由（或其中一个理由）。我认为充分的理由是，该特定行为是道德要求的。当义务是我的次级动机时，仅仅在我判断这些考量产生了义务的情况下，我才把它们视为充分的，并且我以这种方式看待它们的原因仅仅是它们带来了这项义务。[1] 但是，有的行动是义务性的这一事实并不需要成为我认为它们是充分的理由之一。事实上，我们已经看到有很好的理由认为我们根本没有理由去履行义务性的行为。

人们可能会认为这与康德的另一个观点不一致：一个人的行动要

有道德价值，义务必须是其唯一的、充分的动机。但是，尽管我所勾画的对出于义务而行动的解释意味着我们不能以常见的方式来理解义务是道德行为唯一的、充分的动机，但在我的解释中，一个人仅仅出于义务而行动有重要的意义。出于义务而行动是指出于对道德无条件的承诺（次级动机）而行动，并出于规范性的理由（主要动机）去履行应当履行的行为。只有当一个人认为自己有足够的理由去履行义务性的行为，而不管他是否倾向于去做时，他对义务的承诺才是无条件的。如果义务作为一个次级动机发挥作用，并且如果一个人在主要层面上被激发去履行他应该履行的行为只不过因为该行为是道德上的要求，那么他的行动就是仅仅出于义务的。因此，出于义务的行动和仅仅出于义务而行动之间的区别在主要层面才得以确定。如果一个人仅仅为义务的基础（他认为是）所激发，那他就是仅仅出于义务行动。如果一个人在主要层面上是由此以及一些倾向或需求所激发，那么他的行为是出于义务但不是仅仅出于义务的。[2]

这种解释是否会与同情的动机、义务的动机结合而带来仁慈的行为？根据我的解释，如果一个有善良意志的人在道德上被要求帮助一个需要帮助的人，或者仅仅因为他处于困境而要减轻他的痛苦，那么她帮助他人的主要动机不是别的，正是这个人处于困境这一事实。但这不正是出于同情而非义务而行动吗？这不是与康德的观点完全相反了吗？

根据康德对出于同情而行动的理解方式，则并非如此。对康德来说，同情是对他人快乐或悲伤状态产生的快乐或痛苦的感受。[3]因此，出于同情而行动是由这种类型的感受驱动的。某人提供帮助，不是只因为他人需要帮助,而是(至少部分)因为对方的状况让人感到痛苦,或者他从这种行为中获得了快乐。⁴但是,在我对出于义务而行动的解释中,这种感受既不是主要动机,也不是次级动机(当然,这并不是说,具有善良意志的人不会因为他人的状况而感到痛苦,或者不会因为缓解了他人的状况而得到快乐)。某人的主要理由不是对方的需要所带来的痛苦的感受,而只是他有需求这一事实,并且其次级动机是他对道德无条件的承诺。

有人或许会论证,同情作为次级动机发挥作用的方式类似于义务——通过这样的方式,同情的感受不需要作为主要的动机性理由出现。我不清楚我们应该如何理解同情是一种次级动机,但也许可以通过与义务的类比来理解:如果行动者认为自己有足够的理由来帮助某人,仅仅是因为她判断他需要帮助,那么同情就会作为一种次级动机发挥作用。按照对出于同情而行动的这种理解:在这些情况下——道德要求去帮助他人,某人应该帮助他们的理由仅仅是他们需要帮助——有善良意志的人主要的动机性理由与某人出于作为特定意义的次级动机的同情而行动的人的理由一致。这两类行动者都仅仅是因为他人需要帮助而提供帮助。

然而,这两者之间存在着显著的区别。与具有善良意志的人不同,同情心强的人会认为自己有足够的理由去帮助他人,而不管这种帮助是不是道德上的要求。因此,她会认为自己有足够的理由去帮助对方,即使出于某些原因,帮助他的行为在道德上是被禁止的——也许是因为他所做的事情在道德上是错误的,或者她能帮助他的唯一方式是违反完全的义务。⁵所以,如果她履行了她应该履行的行为,她的动机就如上所说，但这只是纯粹的偶然。对于一个仅仅出于义务（当作次级动机）而行动的人来说，情况就不是这样了。这样的人不会仅仅因为判断有人需要帮助就认为自己有足够的理由应当如此行动，相反，她只会因为判断这种行为是道德上的要求。因此，如果这种行为是错误的（并被意识到是错误的），她就不会认为自己有足够的理由去帮助对方。那么，根据我的解释，在出于义务和出于同情而行动的人之间存在着明显的区别，即使人们按照我所描述的出于义务而行动的思路来理解出于同情的行动。

即使我不把出于义务而行动与出于同情而行动混为一谈，也可能会有人反对我把同情当作有道德价值的行为的必要条件——除非我对他人的困境表示同情，否则他人的需求怎么可能足以激发我？这将使道德依赖于同情心与康德的观点相悖。如果我对仅仅出于义务而行动的解释暗示着某人的行动只有在具有同情的倾向时才有道德价值，那么它肯定会与康德的说法不一致。因为康德显然认为，在没有这种倾向的情况下，一个人的行动可以有道德价值。[6] 但我所说的并不含这种暗示。不是同情的倾向，或者甚至不是同情的感受，而是（a）她对道德法则的尊重，[7] 以及（b）她对道德的承诺，使具有善良意志的人在主要层面上仅仅被他人的需求激发。一个人对道德的承诺可能并不总是足以让行动者的主要动机仅仅是他人的需求（当这种需求引起道德义务时），并且可能还需要一种同情的倾向作为主要动机。但这样一来，个人的行为就不完全是出于义务的了。义务可能是他们唯一的次级动机，而他们的主要动机将不会仅仅限于作为义务基础的考量——因为在所描述的情况下，这些考量并不足以成为动机。它们还将包括一些倾向。但是，仅仅出于义务而行动，就是仅仅出于对道德无条件的承诺的这一次级动机，以及仅仅出于主要的动机性想法——内容为该行为应当被履行的理由——而行动。因此，我对出于义务而行动的解释，与康德对出于义务和出于同情而行为之间的对比的说法相一致。

鉴于当前所言，有人可能认为正确的行动要成为道德上好的行为所需要的是在主要层面上被该行动正确的规范性理由激发。如果决定一个行为道德上是否为善的因素是履行该行为的动机，而一个道德上好的动机是一个与该行为的正确性具有非偶然关系的动机（它若是正确的），那么，我们为什么认为除了一个人的主要动机与该行为正确的规范性理由相同之外，还需要其他东西？为什么还要坚持区分主要动机和次级动机，或者，如果是这样的话，为什么认为某人或某些行为若道德上是好的，义务就必须作为次级动机发挥作用？若能证明，行动者的动机和他们行为的正确性之间的一致性如果不是偶然的，义务作为次级动机就是必要的，那不仅回答了第二个问题，还回答了第一个。这就表明，主要动机和次级动机之间的区别在道德上是重要的。若能证明，我们的动机和我们行为的正确性之间的关系可能是偶然的（即使一个人从主要动机出发做了正确的行为，而这些主要动机与行为正确的规范性理由相同），就已开始证明义务作为次级动机对于行为的道德价值而言是必要的了。那么，我们必须证明，义务作为次级动机可以弥补这种不足。但有人可能会问，倘若我们的行为是出于主要的动机的，而这些动机又与行为正确的规范性理由相同，我们的行为的正确性怎么可能只是偶然地与我们的主要动机联系在一起呢？

如果我只有在履行正确的行为符合我的利益的条件下，才会被规范性的理由激发去做正确的事情，那这仅仅只是偶然的。一旦我判断正确的行动不符合我的利益，那些原本会激发我行动的规范性理由就会失去对我的影响。如果我正在考虑的行动不符合我的利益，那审慎的考量就会促使我采取其他的行为。但只要正确的行为符合我的利益，审慎就会起到一个纯粹的调节作用。只要正确的行为符合我的利益，行为正确的规范性理由就会促使我行动。

如果这种情况在心理上是融贯的，而我认为它确实是融贯的，那我们就有可能面临这样一种情况：我可能被行为正确的规范性理由促使去做正确的事情，但我的动机和我的行为的正确性之间的关系是纯粹偶然的。它之所以是偶然的，是因为我不会在行为不符合我利益的情况下受到这些考量的激发去履行这个行为，而且正确的行为并不总是符合我的利益。

主要动机和次级动机之间的区别能否弥补这一不足？我认为是可以的。因为在这里，我们似乎有一个动机结构，而它可以被主要动机和次级动机之间的区别很好地捕捉到。当正确的行为符合我的利益时，我做这件事的主要动机与它正确的规范性理由相同。而我的次级动机不是义务，是审慎。正是因为审慎在此作为次级动机，我的动机状态和我行为的正确性之间的关系才只是偶然的。出于义务作为次级动机而行动会纠正这一点。因为如果一个人的次级动机是无条件地承诺做他应该做的事，而他的主要动机是他应该如此行动的理由，那就很难看出一个人的动机和促使他去做的行为的正确性之间的关系怎么会只是偶然的。

*4　出于义务而行动的另一种解释*　　107

如果这些都是正确的，那么行动的道德价值就不能只简单地通过行动者的主要动机来把握，即使这些动机与他们的行动正确的规范性理由相同。我们还必须说明他们的次级动机是什么。而这一点本身就使我们有理由认为，主要动机和次级动机之间的区别对于我们理解道德价值来说，既合理，又有用。

"出于义务而行动"标准解释的问题在于，结合对称性论题，它暗示着我们应当做 Φ 是因为我们应当做 Φ。虽然我的观点没有这种暗示，但对称性论题导致它似乎含有一种奇怪的暗示。因为根据我的解释，仅仅出于义务而行动是指仅仅出于某人应该做 Φ 的理由（主要动机），并从一个无条件的承诺出发，将这些理由视为充分的理由（只要他判断这些理由引起了义务 Φ）而做 Φ。一个道德上的好人是一个倾向出于这样理解的义务而采取行动的人。但是，鉴于对称性论题——一个相关的知情的具有善良意志的行动者做 Φ 的理由与她应该做 Φ 的规范性理由相同——似乎可以由此得出结论，我应该做 Φ 的规范性理由之一就是我对做正确的事情的承诺。然而，这是相当不合理的。假设我应该在别人需要帮助的时候提供帮助，并且是因为他们需要帮助，这是合理的；但是，我不应该因为他们需要帮助和我承诺做道德上正确的事情而这样做。

有人可能会说，这种承诺是那些典型的道德考量可以成为我行动的规范性理由的必要条件——除非我如此承诺，否则这些考虑不会成为我的规范性理由。[8] 但这是一个相当不同的主张。此外，这也是一个与康德格格不入的说法，因为它会把道德命令变成假言命令。因为如果道德考量只有在我关心我行为的道德时才构成我以某种方式行动的理由，那么这些考虑所产生的义务将以这种关心为条件。因此，如果我的解释确实暗示这种承诺是行动的规范性理由，那么它就会产生不合理的、不符合康德式理论的观点。

然而，我不认为它存在这些暗示。区分主要动机和次级动机的要点在于，敏锐地认识到义务性的道德考量与动机相关的不同方式。主要动机是行动者会引用来解释她行动的考量，而且它们通常也支持她的行动（至少在没有自我欺骗和无知的情况下）。次级动机不以这种方式发挥作用。它们不是行动者会引用来解释或支持她的行动的考量，而是抓取某些考量可以成为行动者主要动机的条件。义务作为次级动机所发挥的功能是，作为一个消极的条件，表明一些考量对于被判断为仅仅是可允许的行动的重要性。它作为一个消极条件的意义在于，如果我判断某种行为是错误的，我就不会认为自己有理由去如此行动，而会认为自己有理由不这么行动。换句话说，我只有在判断这个行为是可允许的条件下，才会认为自己有理由去做仅仅是可允许的行为。

然而，这并不意味着我履行那些被我判定为道德上可允许的事情的（主要）动机性想法之一是"这在道德上是可允许的"。它甚至不包含对这种行为在道德上是否被允许的明确考虑。[9]一个人注意避免那些不允许的行为这一事实并未暗示他一直有这样的想法："这是可允许的吗？"一个人可以对不允许的事情保持敏感，而不必一直想着它，就像一个人在开车的时候，可以对前车的刹车灯保持敏感并有所回应，而不必一直想着"他要刹车了吗？"。的确，当某人是新手时，往往会有这种自我意识的想法，但这只是因为他是个新手。通常情况下，一个人变得越有能力，就越能对这种考量做出反应，而不必经常自觉地去注意它们。我看不出有什么理由道德方面不应该是这样的。

同样的观点也可以用于那些被认为是道德要求的行动上。对于起到次级动机作用的义务来说，它并不是行动者会引用来解释她为什么履行她应该做的事情的理由，也不是为了替这一点辩护。相反，它是动机上相关的，因为它解释了为什么她所引用来支持她行动的考量，对她来说具有独特的动机和审慎的重要性。因此，作为一个次级动机，义务只是作为一个必要的条件，对一个道德上的好人来说，该条件让道德考量以独特方式作为动机发挥作用，但它本身不是一个动机。它是动机上相关的，但不是一个动机。

因此，从对称性论题中并不能得出这样的结论：行动者对出于正确的理由做正确的事的承诺是做应该做的事的规范性理由。对称性论题只与具有善良意志的人的主要动机有关，而与他们的次级动机无关。对称性论题并没有给这个解释带来任何问题。

## 道德法则的超验性概念

尽管有人可能会说，我可以通过放弃道德法则的辩护性概念来躲过"出于义务而行动"的第二种解释的反对意见，但这一举措是不合理的，因为它忽视了多处康德指出是道德法则自身在命令某些行为的地方。这些段落似乎表明康德持有一种极端的、不合理的观点，即道德法则是支持"在某种特定情况下应当采取某种行动"这一裁决唯一的证据性考量。因为人们认为，让某些行动成为必要的东西，同时也被认为是使得行为成为应当的东西，即作为一种证据性的考量。因此，康德认为是道德法则在命令（也就是使其成为必要的）某些行为，而这似乎使他承诺了这样的观点：道德法则是支持某些具体行为应当被履行这一裁决唯一的证据性考量，也就是说，它是我们应当以某些方式行动唯一的规范性理由。

然而，我不认为这些段落是为了表达这样一种不可信的观点。尽管这一事实，即他声称具体的道德规则或义务是"源于"[10]或"基于"[11]道德法则的，常常被认为是指道德法则为这些义务进行了辩护，但"基于"和"源于"的概念并不明确。它们可能意味着特定的义务可以得到道德法则的辩护。如果是这样的话，道德法则的辩护性概念就是正确的。但是，道德法则可以被理解为特定义务的基础，这不是指它为这些义务进行了辩护，而是指它作为这些义务的可能性的条件。以这种方式理解道德法则，就是把它看作我们具体道德判断真理的超验条件。因此，这可以被称为道德法则的超验性概念。

那么，道德法则的辩护性和超验性概念之间的区别是什么？"为什么我们在道德上被要求如此行动？"与"我们在道德上被要求如此行动是何以可能的？"之间是否确实存在区别？我认为这两个问题显然是截然不同的，即使我们可以用同样的事实或原则来回答。例如，道德要求我做任何事的一个必要（尽管是明显的和无趣的）条件是我还活着，但"我活着"这一事实很少（如果有的话）是我在道德上被要求以某些方式行动的规范性理由。更有争议的是，我能够以某些方式行动的事实可能被认为是我在道德上被要求以这些方式行动的必要条件，但不一定是其规范性理由。我能够对他人诚实的事实，就像我活着的事实那样，并不是我应当诚实的理由。尽管如此，人们可能会像康德那样认为,除非一个人能够做到诚实,否则不可能被要求诚实。如果这一点被接受,那么一个人活着和一个人能够做 Φ 将总是我们被要求做 Φ 的条件,但并不总是我们应当做 Φ 的规范性理由。这就足以说明这两个问题之间存在着真正的区别。

我们可以通过康德在《纯粹理性批判》中对因果性的讨论,进一步阐释这一区别。显然,追问"自然因果关系的必要条件是什么"是一回事,追问"为什么某些具体的事件会发生"则是另一回事。第一个问题需要一个超验的回溯性分析,而第二个问题需要一个因果解释。对康德来说,第一个问题的答案是因果关系的原则,最终是统觉的超验统一;第二个问题的答案指的则是以前的事件,而非超验的原则。如果按照辩护性概念来设想道德法则,我们就会以类似于第一原因的方式来进行,因为我认为,我们应该通过类比某些事件发生的因果性理由来理解我们应当如此行动的规范性理由(尽管我并不是在说规范性理由是因果性理由的一种)。沿着这条路线往下,我们就必须这样理解:道德法则类似于某些事件的原因,而具体的义务性行动类似于其所导致的具体事件。需要注意的是,在这个类比中,道德方面没有任何东西与超验的原则相对应。

另一方面,根据超验性概念来设想道德法则,就是把它与因果关系的原则进行类比。[12] 道德法则与具体义务之间关系的辩护性概念没有给我们留下任何与自然法则及其条件相对应的东西,而超验性概念则没有给我们留下任何与某些具体事件发生的原因相对应的东西。在类比的道德方面,这意味着,根据道德法则的超验性概念,我们没有对应当做出某些行为的规范性理由提出解释。

因此，我们可以将道德法则理解为至少回答了两个非常不同的问题。根据辩护性概念，它被视作回答了"为什么情况 C 下我有道德义务去做 Φ？"；根据超越性概念，它被认为回答了"在什么条件下，做 Φ 可以被表现为义务性的？"，这是相当不同的问题。

更清楚地了解道德法则的超验性概念是什么，有助于进一步发展其与因果性原则的类比。康德声称，因果关系的概念要求：

> 某一事物 A，应该是这样的：另一事物 B，必然是由它产生，并且按照一个绝对普遍的规则而产生。表象确实呈现了一些案例——从中可以得到一条规则，根据这条规则，一些事情通常会发生——但它们从未证明这个顺序是必要的。在因果关系的综合中，有一种无法用经验表达的尊严，那就是：果不仅继承自因，还脱胎于因。[13]

康德认为，因果关系的范畴是我们能够解释一个表象被体验为继于另一个表象的必然性的唯一方式，也就是说，它是一个事件导致另一个事件的表象的必要条件。尽管事件 B 被视为继于事件 A 的必然性不能用经验性的概念（即经验性的规则）来解释，但事件类型——被视为必然继于另一事件——是由经验决定的。因为经验的内容由经验的法则决定，我们只能通过经验的调查来发现。康德却认为，这些具体的因果律本身只有基于超验的因果性原则才得以可能，因为只有凭借这个原则，它们才能获得它们作为法则所需要的严格的普遍性。[14] 这一观点并非在说经验性的自然因果律是通过某种方式从超验的因果性原则中获得的。因果性的原则过于形式化而无法允许这一点。相反，正如弗里德曼（M. Friedman）所说：

> 经验法则被认为嵌套在或者扎根于超验原则一系列逐渐具体化和经验化的例示或实现当中……先验的基础这一概念通过这样一个观点而得到表述：尽管纯粹的经验数据在这一过程中起着必要的和不可避免的作用，但在一般而言的自然的超验性概念中，对这些数据的框定或嵌套将导致——至少在原则上——对经验世界的独特的和确定的描述，从而获得一种不仅仅是经验上的地位。[15]

这一观点也就是具体的因果判断只有通过把某些事件归入一些具体的因果律才得以可能，而且只有把它们归入超验的原则才得以可能。

我对道德法则的超验性概念的看法是，康德在对必然性的意识以及与伦理经验有关的必然性是什么的问题上存在相似的想法。如果我们把一个事件在因果上必然由另一个事件导致的经验替换为一个行为在某些环境中必然产生或必然由某些环境导致，那么，关于道德法则与具体的道德规则及其实例之间的联系的超验性概念就应该变得相当清楚。根据这种解读，道德法则需要解释行为在某些情况下如何可以被体验为实践上必要的。"那是必要的"指的是由具体的道德规则和具体的经验考量决定的东西，与道德法则不同，这些东西不能被先验地知道。具体的道德规则和义务具有康德认为的自然法则所具有的那种特殊的混合性质。对必然性的意识是通过我们把自己置于一个先验的法则之下来解释的。"那是必然的"指的是由环境中所具有的具体经验考量来解释的东西，这些考虑通过具体的道德规则与某些行动产生实践上必要的联系。

如果这是正确的，那么康德对道德法则和具体的道德规则所做的，并不是描述我们在实践慎思中经历的过程——他会把这样一个工作描述为单纯的经验心理学。相反，他是要说明当我们做出道德判断时，我们所做出的那种实践判断的超验条件是什么。康德在这方面可能是正确的，即使这些原则没有或者不应当出现在我们的慎思当中。因为以这种方式理解，他所主张的不是道德法则是我们道德推理的隐含前提，而是它为这些具体的判断所预设。我们只有在把某种行为归入普遍有效的原则之下时，才能判断它是必要的，而这些原则又只有在被归入普遍性的先验原则之下时才是可能的。只有在这个假设下，我们的道德判断才是可能的。

根据我所概述的道德原则的超验性概念，道德法则以特定道德规则的法则性本质为基础，为我们特定道德判断的可能性提供条件，从而为隐含在具体义务中的必要性提供依据。根据这种解释，道德法则是实践理性的最高原则。这指的并非它是某些行为应当被履行的唯一或最终的规范性理由，而是它是某些行为所具有的实践上的必要性，即义务性这一特征的基础。因此，当康德说是道德法则做出命令时，不应该理解为他在声称是道德法则使某种行为成为必要的。如果超验性概念是正确的，那么康德就不再认为这个先验的原则使某种行为成为必然，就像他不再认为因果关系的范畴使某种事件成为必然。它所做的是解释这个行为在被认为是义务性的时所具有的必要性。因此，道德法则的超验性概念使出于义务而行动和出于（对）道德法则（的尊重）而行动之间的内在关联变得有意义，但这并不意味着当某人出于义务而行动时，他们仅仅是受到道德法则的激发。

## 对超验性概念的论证

为什么康德认为道德义务只能通过道德法则来解释？他的论证建立在这样的假设之上：这种必要性可以通过善的内容性概念来解释，也可以通过意志的形式化原则（即道德法则）来解释，而且这些选择穷尽了所有选项。康德认为，道德义务不能用善的内容性概念来解释，因为要么善与意志的关系是经验性的，因而是偶然的，要么它作为自然原因对意志有某种强制力，因而破坏了意志的自由。无论哪种方式，道德义务中所涉及的必然性都没有得到解释。鉴于这种必然性不能用善的内容性概念来解释，如果它是可以解释的，就必须通过意志的形式化原则（即道德法则）来解释。

康德在《实践理性批判》分析篇其中一卷对这些定理的阐述中，论证了这些主张。他首先考虑了"善"简单的经验主义定义：作为欲望的对象。如果善是这样定义的，那么我们就无法解释道德义务中的必然性，因为意志与善的关系照此理解只能是偶然的。它之所以只能是偶然的，是因为意志只能在感受到快乐的基础上被决定去追求这个对象，而这一基础与该对象的观念相关；[16] 而且我们不能先验地知道这个对象会"与快乐或不快乐相关，或仅仅是漠不关心的"。[17] 因此，康德写道："所有预设欲望官能的对象（内容）作为意志的决定性基础的实践原则，无一例外都是经验性的，不能提供任何实践法则。"[18] 一种更精致的对价值的经验主义定义试图通过区分低级和高级的欲望官能来避开这个问题。这种区分基于相关快乐的起源。低级欲望官能的快乐是感官的快乐，而高级欲望官能的快乐则源于理智。鉴于这种区别，我们可以说，人们可以从作为高级欲望对象的内容性的善中获得普遍性和必然性。

但康德拒绝了这种回避他批评的尝试。因为即使善被定义为高级欲望官能的对象，它与意志的联系仍然只能通过对其实现后的预期中所偶然感受到的某种快乐而实现，而这种预期是否会在行动者心中唤起快乐，永远无法先验地知道。由于这种快乐只能是偶然的，所以通过区分低级和高级的欲望官能，并通过与后者的关系定义善的做法在解释道德义务所包含的必要性上，没有取得任何进展。

康德的第二条定理批评了理性主义对善的解释，以及试图以此来解释道德义务的做法。根据这种解释，善是通过完美的理性观念来定义的。既然这里的善是通过一个理性的观念来定义的，它似乎就不会面临针对价值和义务的经验主义解释所提出的批评。然而，康德坚持认为，这种说法很容易受到同样的批评，这一点从对实践意义上的完美观念的解读中就可以看出。

完美的观念不可能有任何实践意义，除非给出一些可以用来判断完美的目的。例如，我们无法知道一把刀是不是好刀，除非我们有一个目的来判断它。一旦我们了解了适当的目的——在这种情况下是切割——我们就可以判断某把刀是不是一把好刀，因为这个目的可以作为完美的标准。但是，如果理性主义对善的解释必须以人的某种目的作为完美的标准来阐述，那么我们就需要知道意志与这种目的的关系。而康德认为，意志只能通过这一对象实现后的预期中偶然感受到的愉悦来与之相关。这种快乐只能是偶然的，它就使得道德义务中的必然性无法解释。

这些论证取决于这样一种想法，即意志只能通过偶然的欲望和快乐的感受与善相关，而这一假设可能受到挑战。有人可能会说，意志不是通过偶然的欲望，而是通过善自身的本质来决定追求某种善的。如果这是可能的，善就可以通过法则与意志相关，继而与必然性相关。但康德认为，这仍然会使道德义务得不到解释。因为在这种观点中，善通过"强迫自己作为意志行动的因果决定项"而使意志必须行动。[19]但在康德看来，如果道德能动性是可能的，那么意志必须是自由的，即在非决定论的意义上，它是行动无原因的原因。因此，如果善作为因果的决定项与意志相关，那么义务和意志道德的概念就无法得到解释。[20]义务的概念之所以无法得到解释，是因为对义务的意识是以意志的自由为前提的。[21]之所以无法解释义务的概念，是因为一个人的意志不再是其自身行为的基础，他的行为也就不能再归咎于他。因此，尽管这种关于善与意志关系的描述可以解释道德命令的绝对性本质，它却不能解释其义务性。尽管意志可以被设想为由善使得它必然以某种方式行事，它却不能被设想为由善来产生义务，就像石头不能被设想为由重力来让它有义务以某种方式行动。

只有当意志不是由包括善在内的任何外部原因引起的时候，它才能保持自身的自由。但是，如果我们要坚持意志的自由，那就又回到了我们的起点，即意志与善之间仅仅是一种偶然的关系，道德义务的可能性仍然没有得到解释。因为如果善并未导致意志去追求它，那么意志就必须决定自己去追求这个目的。它是否这样做，取决于行动者能否在对善实现后的预期中感到快乐；而这是不能先验地知道的。

出于这些原因，康德认为，道德义务中隐含的必要性不能用某种内容性的善来解释。鉴于他认为这里只有两种选择，道德义务只能通过意志的形式化原则（即道德法则）来解释。

## 道德法则和道德判断

按照我的理解，道德法则不仅扮演了超验的角色，还充当了道德判断的标准。让我们把这称为道德法则的标准性概念。正是在其标准性作用中，道德法则能够引导行动。道德法则的这种作用指，它是用来检验我们准则的可允许性的反思性测验。准则是一个主观的行动原则，也即行动者采取行动的原则。一个人的准则也可以是客观的原则，但只有当行动者采取行动的原则是她应当采取的行动原则时才成立。因此，把道德法则仅仅理解为一种标准，就是不把它看作我们应当以某种方式行事的理由，而只看作一种测试，通过它，我们可以检验我们行动的原则是否符合道德的要求。

为了弄清楚绝对命令的辩护性概念和标准性概念的区别，我们需要区分三个问题：（a）一个什么样的原则可以成为我们应该按照其行动的原则；（b）我们为什么应当按照这个原则行动；以及（c）如何知道我们已经按照客观原则行动，或者没有按照违反原则的原则行动。要回答第一个问题就是要提供一个分析，或解释，用以说明义务的概念,以及当我们说某种行动是义务性的,或者说按照某种原则行动是义务性的时,我们所说的究竟是什么。要回答第二个问题就是要说明带来某种义务的规范性理由是什么——说明义务的基础,而非义务概念的含义。而要回答第三个问题就是要提供某种测试,人们可以通过这种测试来衡量自己的道德判断。这种测试可以是积极的,也可以是消极的。如果是积极的,它使我们能够告诉自己我们应当履行哪些行为,或者哪些原则应该指导我们的慎思和行动。如果是消极的,它只能告诉我们自己正在做的事,或者指导我们慎思的原则是不允许的。它能够告诉我们哪些原则不应该指导我们的慎思和行动,但不能告诉我们哪些原则应该。

现在,我能否支持这样的观点,即道德法则可以作为道德判断的标准,而不是以某种方式行动的规范性理由,取决于我能否将第二和第三个问题分开。有些人可能会说,这两个问题不能分开,因为无论我们用什么测试来检验我们的道德判断,它同时都将是我们相信这些判断正确的理由。例如,我可以通过绝对命令检验某个行为的准则,从而检验我的信念——我不应该违背我对 A 的承诺。我发现,这个准则没有通过检验,我的准则就不能被设想为没有矛盾的普遍法则;因此任何属于这个准则的行为都是错误的,而违背承诺这一具体行为也是错误的。而我们可以论证说,这条准则没有通过这一检验的事实是相信该行为不被允许的理由。鉴于此,似乎只需一小步即可得出结论:判断我们应当或不应当做 Φ 的规范性理由与我们可以检验这些判断的标准之间的区别已经消失了。

我认为这种区别不能以这种方式消失。这种区别之所以看起来会消失，只是因为它关注的是认识上的理由，而不是实践上的理由，也就是说，关注的是相信的理由而不是行动的理由。[22] 道德理由是我们应当以某种方式行动的理由。它们是我应当遵守承诺、说实话、帮助有需要的人等的理由。相关的认识上的理由是相信我应当遵守承诺、说实话、帮助有需要的人等的理由。牢记这一区别，我对道德法则的辩护性概念和标准性概念的区分就可以成立。因为在做出这种区分时，我并不否认，某些原则不能通过检验这一事实使我们有理由相信，属于它的行为是不允许的。我所否认的是，属于这一原则的行动是不允许的，因为它们的准则没有通过检验。未能通过检验可以构成相信一个人应当或不应当做 Φ 的理由，但不需要成为我们应当或不应当做 Φ 的理由。[23]

我应该补充说明的是，目前为止我所说的内容都没有暗示作为实践理由的同一个考量不能同时成为认识上的理由。恰恰相反，作为实践理由的考量也是一个标准的认识上的理由。例如，假设我应当做 Φ，只是因为我向 A 承诺我会这样做，而且我知道这一点。在这种情况下，我应该做 Φ 的实践理由和我相信我应该做 Φ 的理由是相同的——因为我向 A 承诺我会做 Φ。只要这个事实被看作一个实践理由，它就会被看作支持做 Φ 的行为。就它被视为认识上的理由而言，它将被视为支持我应当做 Φ 的信念。我并不否认实践上的理由不能作为认识上的理由。我所主张的是，有些东西可以是认识上的理由，而不是实践上的理由。这就是我所需要的——用以维持道德法则的辩护性概念和标准性概念之间的区别。

鉴于我们可以区分一个标准（被认为是一种测试，我们可以通过它来衡量我们的道德信念）和实践（规范性）理由，也就是说，根据这些考虑，即应当采取某些行动，我们需要澄清，绝对命令是什么样的标准。它是一个积极的还是消极的标准？它能告诉我们哪些道德原则应该指导我们的慎思和行动，还是只能告诉我们哪些准则应该被放弃？

如果"绝对命令"的检验方法是有效的——不像许多人所说的那样完全是空洞的——那么它至少可以作为道德判断的消极标准发挥作用。因为指导我的慎思和行动的原则，如果是我不应当遵守的原则，那么它就会表现为不可想象的，或不能意愿为一个普遍的法则。然而，康德对自我知识的怀疑论产生了一个问题。他认为，我们永远不可能知道我们最深层的准则是什么，[24] 如果这是正确的，我们无法用绝对命令来检验这些准则。但是，只有当我们把绝对命令的程序看作首先通过内省来理解我们的准则，然后再对其进行检验时，这对绝对命令的程序而言才会成为问题。准则是实践的原则，因此不需要知道，甚至不能够知道。相反，它们是"要实现的"。对康德来说，道德上重要的不是知道我们的准则是什么，而是努力按照这些原则行动；[25] 虽然我们不知道我们的准则是什么，但我们知道如何践行某些原则。那么，被检验的是我们努力践行的原则，并且我们不需要拥有康德否认的那种自我知识就可以检验这些原则。

绝对命令可以作为一种积极的标准吗？如果借鉴第三章中概述的程序，我认为没有理由表明它不可以。我在第三章论证说，如果一个行为的准则是可普遍化的，而同时与之相矛盾的行为的准则不可普遍化，那么这个行为就是道德上要求的。这可以很容易地被修改为适用于行动的准则，也就是原则。如此修改，就可以得出这样的结论：如果一个原则与另一个不能被设想或意愿为普遍法则的准则相矛盾，那么它就是道德上要求的。所以，如果认识到某些原则不能在没有矛盾的情况下被普遍意愿，我不仅能够看到这个原则应当被放弃，而且应当努力践行与这个原则相矛盾的原则。因此，如果我检验了对他人的需求漠不关心的原则，并发现它应当被放弃，我就可以知道，我应当按照仁爱原则来追求慎思和行动。因此，如果"绝对命令"的检验方法是有效的，那么它不仅可以作为一个消极的标准，还可以作为一个积极的标准。

如果我们拒绝检验绝对命令的辩护性概念，转而采用标准性概念，一个令人惊讶的事情是，对康德来说，使用这一检验对道德上好的行动或道德上好的品格并不是**本质性的**。本质性的东西是扮演超验角色的道德法则。因为道德法则必须被预设为指导我们的思想，以解释道德考量被认为对好人具有的独特的必要性形式。道德法则的标准性概念是一个有用的工具，但对于反思性的道德行动者来说，最终是可有可无的。它如果能发挥作用，就很重要，但如果不能发挥，也就不会像许多人认为的那样对康德的伦理学造成毁灭性的破坏。[26]

## 总　　结

让我总结一下我提出的对"出于义务而行动"的解释，以及道德法则或绝对命令所扮演的相应的角色。出于义务而行动是指出于一个特定的次级动机和主要动机而行动。一个人的次级动机必须是对道德无条件的承诺。有这种承诺就是在判断自己是否应当做 Φ 的时候，认为自己有充分的理由去做 Φ。如果一个人把这些考量看作独立于他是否倾向于做 Φ，或做 Φ 是否符合他利益的理由，那么这种关切就是无条件的。尽管出于这个次级动机的行为对出于义务的行为来说是必要的，但并不是充分的。因为一个人还必须出于主要动机而行动，这些动机与义务的基础相同。因此，如果一个人出于义务而行动，只要他判定做 Φ 是道德上的要求，他就认为这一考量是做 Φ 的充分的理由，那么这一考量必须作为主要动机起作用。如果一个人的次级动机是对道德无条件的承诺，主要动机不过是他应该如此行动的（规范性）理由，那么他的行动就是仅仅出于义务的。

一个人出于义务而行动是出于对道德法则的尊重而行动，并不是在他把准则纯粹的普遍性形式视为行动的规范性理由的意义上说的，而是在一个超验的意义上。它的作用是超越性的，即它必须被预设为道德义务行为必要性的可能性条件。它不是某种行动在道德上必要的规范性理由，而是解释该行为或任何其他行为如何可能是必要的。因此，它最好被理解为与因果性范畴相类似。正如我们要解释一个事件如何能使另一个事件成为必要的，就必须预设因果关系的范畴，而它本身并不是一个原因，同样地，我们要解释诸如他人的需求这样的考量如何能使一些行为成为必要的，就必须预设道德法则，而它本身并不是这一行为的必要条件。它不是我们应当做 Φ 的规范性理由，而是义务性行为的超验基础。

道德法则在我的解读中也起到了标准的作用。它提供了一个程序，我们可以通过这一程序来检验我们的道德判断，但它本身并不是说明为什么某些行为应当被履行的规范性的理由。这意味着，它是相信我们应当或不应当做出某些行为的理由，但不是我们应当或不应当如此行动的理由。它是一个认识上的理由，但不是一个实践上的理由。道德法则的这种标准性概念也意味着，尽管它是道德慎思的有用指导，但对道德上的好行为使用绝对命令的测试而言并不是本质性的。相反，扮演超验角色的道德法则却是本质性的。

# 5

# 填充细节：罗斯的显见义务理论

## 导　论

鉴于第四章所勾勒的康德对道德价值的解释，我需要给出对规范性道德理由的解释，即我们应当履行某些行为的理由。之所以必须这样做，是因为我已经论证了行动的道德价值与行动正确的规范性理由之间存在着内在的联系。这种内在的联系来自这样一个事实：在恰当的条件下，一个道德上的好行为是出于规范性的理由（以其为动机）来履行它应当履行的行为。这种内在联系也表现在对称性论题中。根据这一论题，一个有善良意志的人会出于行为正确的规范性理由而倾向于做出正确的行动，也就是说，她做出正确行为的主要动机倾向于使它正确的规范性理由。因此，为了填补康德关于道德价值解释的细节，我们需要对规范性的道德理由做一些解释。

在康德的理论中，能够成为义务的基础这一角色的竞争者是道德法则。然而，我已经论证了，它不应该被理解为占据了这一角色；相反，应该被理解为只扮演了超验性和标准性的角色。道德法则的作用纯粹是超验性的，因为它解释了把行动表征为必要的可能性的条件。在它的标准性作用中，它构成了用来考察我们道德判断和指导这些判断的原则是否正确的检验。这两个作用都没有告诉我们为什么应该做出某些行为。因此，我们需要在康德的理论之外寻找对规范性道德理由的解释。在这一章中，我将论证罗斯的显见义务理论可以发挥这一作用，因而可以作为康德的道德理论的必要补充。我选择用罗斯的显见义务理论来填补康德道德价值解释的空白，是因为相比其他任何理论，它允许不同的具体事实作为规范性的道德理由，同时将其置于严格的普遍原则的背景之中。只要它允许具体的事实（如某人处于困境）成为义务的最终依据，他的理论就允许道德上的好人被这些具体的事实激发去做他们应该做的事。只要这一点可以被放置在严格的普遍原则的背景下，它就符合康德的观点，即特定的义务只有在归入这些原则的情况下才可能。正是这些考量使得罗斯的显见义务理论适合用来填补我们在康德的道德价值解释中拒绝道德法则的辩护性概念后所留下的空白。

然而，罗斯的显见义务构成了基本规范性理由的说法存在争议，因此需要加以论证。对许多人来说，罗斯只是在说"我们应当以某种方式行动"，却没有回答"我们为什么应该这样行动"。克里斯蒂娜·科斯嘉德说，如果你问对你的某些要求是否真的得到了辩护，直觉主义的实在论者只能回答"是"。这一说法表明，科斯嘉德表达了这种观点。换言之，他所能说的只有"这是你应当做的"是真的。[1] 这里存在的疑虑是，罗斯和其他直觉主义者似乎把某些道德裁决（那些表达基本的显见义务的裁决）说成是不需要证据或辩护的，我们只需要毫无疑义地接受这些裁决。如果一个法官在没有任何证据的情况下做出有罪的裁决，我们肯定会认为他们做出这一裁决的程序在某些方面存在缺陷。如果他们继续坚持他们的判决不需要任何证据，他们就是知道被告有罪，如果他们说"只要看看他，你就知道他有罪！"，我们会认为他们是教条的，不开明的，而且可能存在偏见。科斯嘉德所表达的担忧是，对于直觉主义者来说，某些道德裁决，比如我有显见义务遵守承诺，或者在力所能及之处帮助他人，就是像这样。

  我认为这种批评之所以看起来令人信服是基于，或者至少是因为对罗斯所理解的显见义务概念的误解。这种误解并不完全是罗斯的批评者的错。这两个特征的结合更增添了迷惑性：其一，正如罗斯所承认的那样，"显见义务"一词具有误导性；其二，他试图在《正确与善》（*The Right and the Good*）和《伦理学基础》（*The Foundations of Ethics*）中对这一概念进行定义，这种尝试却没有提供任何帮助。我现在想做的是考察罗斯对显见义务这一概念的各种定义。首先，我认为，这些定义都没有提供一个很好的解释，然后我会提供一个替代方案来准确地阐明罗斯试图表达的思想。我坚持认为，罗斯对这些原则的理解不是表达我们应该做什么，而是表达我们为什么应该以某种方式行动。

## 罗斯的显见义务概念

罗斯把显见义务拿来与恰当义务（duty proper）或者实际义务（actual duty）做概念对比。他写道：

> 我建议用"显见义务"或"有条件的义务"来简单指称一个行为由于属于某种类型（例如遵守诺言）而具有的特性（与作为一种恰当的义务的特性截然不同），即它如果不同时属于另一种具有道德意义的行为类型，就是一种恰当义务。一个行为是恰当义务还是实际义务，取决于它所体现的一切道德上重要的类型的实例是什么。[2]

一个行动是不是我们恰当的义务，取决于该行动的一切道德上的相关特征。行动在道德上的相关特征是它表面看来正确或错误的具体方式。因此，一个行为显见上既可能是正确的，因为它体现了仁慈的实例，又可能是错误的，因为它体现了违背承诺的实例，但是在考虑了所有问题之后，从道德上看是正确的，也就是我们的恰当义务要么是遵守我们的承诺，要么是帮助某人。这样，我们的行为表面上是错误的（因为没有帮助某人，或因为违背承诺），但实际上是正确的。

必须强调的是，这并不意味着这种行为看起来是错误的，但实际上不是。术语"显见"不应该指一个行为可能具有这样的特点，即乍看之下似乎是一种义务，但进一步调查可能就会发现它是虚幻的。这个术语所挑选出的不应是行动仅仅看起来符合道德的方面，而应是

一个真正符合道德的方面。³

"显见"似乎意味着，人们只是在谈论道德情形乍看之下所呈现的一种表象，这种表象可能会被证明是虚幻的；而我所谈论的是涉及这一情形本质的客观事实，或者更严格地说，涉及其本质的一个成分，尽管不是像恰当义务那样产生于其本质自身。⁴

显见义务与恰当义务或实际义务之间的区别，不应理解为表面义务和真正义务之间的区别。然而，"显见"一词并不是武断的。因为罗斯认为，只有首先认识到行为的每一个不同的道德相关特征，我们才能对是否应当这样行动做出判断。因此，对这些个别特征的认识在我们对该行为是否（实际）应该做的认识之前。正是这一点辩护或者说解释了"显见"这一术语的使用是合理的，因为这些特征是我们第一眼看到的，即显见现象。⁵在这一点上，有人可能不一定同意罗斯。然而，显而易见的是，他并没有把显见义务和实际义务之间的区别理解为看起来是我们的义务和实际上是我们的义务之间的区别。

这一点相当重要，因为有些哲学家主张罗斯的显见义务理论之所以不充分是因为它否认了实际道德冲突的可能性，这种主张并不罕见。比如，约翰·塞尔（John Searle）写道：

在这一解释中，显见义务与实际或真实的义务相冲突，而描述这一冲突情况的正确方式是说……我根本没有义务遵守承诺。就像罗斯所说，我看起来确实有义务遵守承诺，因为它有"成为我们义务的倾向",但是,当了解所有的事实之后,我发现自己有义务帮助琼斯,但并没有义务参加史密斯的派对……[对冲突情境的这一描述]一个直接的困难……是按照这一观点,承诺在冲突的情况中没有起到任何作用。就好像我根本就没有做出承诺。[6]

这一批评显然基于对"显见义务"这一概念的误解。该误解明显将显见义务和实际义务之间的差别看作仅仅是表面义务和真正义务之间的差别。然而,罗斯很清楚正确行为"显见的错误"并不仅仅是虚幻的。比如,在《伦理学基础》中,他说道:

> 这仍然是铁一般的事实:一个违背承诺的行为是道德上不合适的,即使我们撇开这一点断定它是我们应当做出的行为,它仍是一个违背承诺的行为。[7]

以及在《正确与善》中他写道:

> 当我们认为自己违背承诺的行为可以得到辩护,且事实上我们有义务违背承诺来减轻他人的痛苦时,我们并没有哪一刻停止把遵守承诺看作显见义务,这也会使我们因为自己所做的行为而感到内疚,尽管并不是羞愧或者后悔。[8]

我们并不会因为发现了那些看起来是错误的但事实上并不是错误的行为而感到内疚。我们感到内疚,是因为我们意识到我们的行动在道德上的某些方面确实存在缺陷，而这一真正的缺陷恰恰就是一个正确的行动显见错误所指出的问题。

为了避免塞尔和其他人所犯的这一错误，许多人喜欢用"限度内义务"（pro tanto duty）来代替罗斯的术语。[9] 因为与"显见"一词不同，"限度内义务"并不意味着行动的某一方面看起来似乎与道德相关，但实际上并不相关。但是这个术语也不是没有自己的问题。它的主要问题在于，加强了对罗斯的一个更广泛的、潜在的误解。因为用"限度内义务"代替"显见义务"会加深人们的印象，即这一概念应该挑选出一种特殊的义务。它给人一种印象，对罗斯来说，最基本的东西就是一套可修正的义务。[10]

产生这一印象的原因是罗斯所做出的似乎是两种义务之间的区分：显见或者限度内的义务，与实际义务。但"显见义务"这一词语应挑出的并不是某种独特类别的义务，而是某种不同于义务却与义务相关的东西。因此，在《正确与善》中，罗斯说道：

> 我们必须向"显见义务"这一词语道歉，因为……它暗示，我们所说的是一种特殊类型的义务，但事实上它并不是义务，而是与义务通过某种特殊的方式相关的东西。[11]

在《伦理学基础》中，他写道："'显见义务'这一词语……表达得太多了；它似乎在说显见义务是一种义务，而事实上它们不同于此。"[12] 如果显见义务不是一种特殊类型的义务，而是以某种方式与义务相关的东西，那么我们需要明确一个行为的显见正确性[13] 与它的实际正确性之间的关系。在《正确与善》和《伦理学基础》中，罗斯对如何理解显见义务和实际义务之间的关系提出了许多不同的解释。我将在下文中考虑这些解释。我会论证尽管这些说法对如何理解显见义务和恰当义务之间的关系有所启发，但罗斯最终未能为这种关系提供一个令人满意的解释。但是他所说的，以及他讨论的背景，为我们提供了足够的线索，让我们得以提出一种解释来表达罗斯在他的各种表述中试图阐明的思想，也就是他的显见义务理论是一种基本规范性理由的理论。

## 显见正确性的三种解释

　　罗斯为一个行为的显见正确性与实际正确性之间的比较，提供了三种解释。他将显见正确性定义为：第一，一种使行为实际正确的倾向；第二，"合适"的概念；第三，责任的概念。

　　他认为，不存在"F型的行动是义务性的"这样的普遍道德法则形式，[14]但存在着"F型的行动往往是义务性的"这样的法则形式。显见义务就是这些法则。他写道："显见义务'是在说明行为因这一特征或那一特征而具有义务性的趋势的法则'。"[15]然而，使行为正确的趋势这一概念可以用许多不同的方式来理解。它有时被理解为盖然性的，表达了这样一种观点，即某些类型的行为表面上看是正确的，因为它们中的大多数或许多实际上是正确的。根据这种解释，说某些特征是显见正确的，就是说大多数具有这种特征的行为是正确的。最早认为罗斯持有这种观点的是彼得·斯特劳森（Peter Strawson），他也对此提出了致命的反驳。他指出，这种倾向根本就不是具体行为的特征，而是一类行为的特征。

> 当我们说天鹅倾向于是白色的时，我们并没有把某种品质，即"倾向于是白色的"，赋予每只天鹅。我们是在说，白色天鹅的数量超过了不是白色的数量，如果某个动物是天鹅，它就有可能是白色的。当我们说"威尔士人往往是好歌手"，我们的意思是大多数威尔士人唱歌都很好；而当我们说到某个威尔士人，他往往唱得很好，我们的意思是他经常唱得不错。在所有这些情况下，我们谈论的是一类事物或场合或事件；并且不是该种类的所有成员都有倾向于拥有某种特性的属性，而是该种类的大多数成员事实上都有这种特性。[16]

如果大多数天鹅是白色的，那么对于"天鹅"这个属来说，它们往往是白色的，这是事实。然而，对于某只具体的天鹅来说，它们往往是白色的，这并不是事实。它们不会倾向于黑色或白色，而只会是黑色或白色。对于具体行为的显见正确性来说也是如此。我们不能从一个行为的倾向性来理解具体行为的显见正确性，即这种倾向性使这个行为实际上是正确的。此外，如果显见正确性的原则表达了这种倾向，那么它们就不会具有严格意义上的普遍性。因为仁慈是显见正确的事实将是一个偶然的、经验性的事实。如果事实上大多数的仁慈行为都是错误的，因为对仁慈的考量通常为其他的道德考量所压倒，那么这种行为的显见正确性就不是真的。之所以不是真的，是因为对于仁慈的行为来说，实际正确的行为的数量不会超过实际错误的，或仅仅是可允许的行为的数量。

然而，使得行为为正确的倾向性这一概念不需要以这种盖然性方式来理解。事实上，罗斯似乎想把使行动正确的倾向性这一概念理解为非盖然性的，即以与自然因果律倾向于导致某些后果的方式相类似的方式。[17] 罗斯以万有引力为例说明了这一点："在对其他物体的引力的作用下，每个物体都倾向于以特定的速度向特定的方向运动；但它的实际运动取决于它所受到的所有力量。"[18] 这个例子很有启发性。"倾向"这个词被认为表达了一种力量——它总是作用于同一方向，即使在被一个更大的反作用力击败之时。即使一个物体对某个对象所产生的引力小于另一个物体所产生的引力，该对象仍然倾向于向第一个物体的方向移动。该物体仍然倾向于向落败者的方向移动；只是由于相反方向的引力更大，它实际上是向另一个方向移动。当这种倾向的概念被应用于显见的正确性和错误性时，我们会得到一种观点，即它们可以被描述为表达了某种积极或消极的"义务性拉力"（deontic pull）。任何具有显见正确性的行为都会受到这种积极的义务性的牵引，而任何具有显见错误性的行为都会受到消极的义务性的牵引。该行为实际上是正确的还是错误的，将由它所受到的各种义务"力量"决定，就像一个物体的运动由作用于它的各种引力所决定一样。同样地，某种拉力落于下风，但它仍然是有效的，它将行为拉向它的义务，即使它被一个相反的义务拉力击败。

但是，尽管这种倾向性的解释似乎可以使实际错误的行为的显见正确性变得合理，以及使得规定这类行为在显见上正确或错误的普遍原则有意义，却很难解开"义务性拉力"的比喻。要理解一个较小的引力继续向某一方向拉动物体是很容易的。如果胜利的力量和失败的力量是截然相反的——这个比喻准确的话，它们必须是截然相反的——失败的力量会降低物体向施加更强拉力的物体移动的速度。但是，一个被打败的义务性拉力不能以这种方式来理解。因为正确性与速度不同，不允许有程度。在一个具体的情况下，一个行为不可能比其他一些可能的行为稍微正确一点。在这种情况下，实际的行为是正确的，而可能的行为则是错误的。当然，错误的程度是可以有的。在某种情况下，行为 A 可能比行为 B 错得更离谱；但这不能转化为行为 B 比行为 A 更正确。正确性就像飞镖游戏中的正中靶心一样。一个人要么命中靶心，要么脱离靶心，尽管脱离的距离可以更多或更少，但他不能命中更多或更少的距离。[19] 这并不是说在任何情况下只有一个行为是正确的，而是说如果有一种以上的正确行为，那么这些行为中的每一种都是绝对正确的，而做出任何其他行为都是错误的。

有人可以尝试帮助罗斯摆脱这一问题，通过认为如果我们把消极的义务性拉力理解为降低行为的价值，那就可以合理地说明作用于正确行为的消极的义务性拉力。价值与正确性不同，它允许程度的存在，如果这个建议被罗斯采纳，那他也许能够坚持他对显见义务的倾向性解释。然而，罗斯不可能采纳这个建议，因为他立场的核心原则是，道德上的正确和善是不同的、独立的概念。[20] 因此，对他来说，这个建议的解决方案基于一种混淆。

罗斯有时以反事实的方式来描述显见义务的概念，而倾向这一概念或许可以通过这一方式来理解。他写道：

> 我建议用"显见义务"或"有条件的义务"来简单指称一个行为由于属于某种类型（例如遵守诺言）而具有的特性（与作为一种恰当的义务的特性截然不同），即它如果不同时属于另一种具有道德意义的行为类型，就是一种恰当的义务。[21]

因此，根据对显见的这一解释，说某一正确的行为显见上是错误的，只是说在没有使其正确的其他重要道德因素的情况下，它实际上就是错误的。但是，尽管一个行为显见上是错误的，在没有其他使其正确的显见考量的情况下，它实际上就是错误的，却不清楚这是否告诉了我们一个正确的行为显见上的错误是什么。一个正确的行为显见上的错误性不能简单地基于这样一个事实：如果不是因为其他与道德相关的特征使得该行为正确，那么它将是错误的。因为这听起来好像该行为在反事实的情况下只有一些道德上的缺陷。然而，这并不是罗斯的观点。

此外，在没有其他使其成为错误的显见考量的情况下，知道一个行为是正确的，并没有告诉我们显见正确性和实际正确性之间的关系是什么。我们需要知道的不是一个具有某种属性 F 的行为在没有其他会使其成为错误的属性的情况下是正确的，而是在反事实的情况下，属性 F 和行为的实际正确性之间的关系是什么；而反事实的解释在这一点上保持了沉默。那么，最终，使行为实际正确或错误的倾向性概念并没有提供给我们从显见正确性的解释中想获得的东西。

也许正是由于对自己在《正确与善》中关于显见正确性的解释不满意，罗斯在《伦理学基础》中提供了两个新的解释。其中第一种说法源于他对布罗德（C. D. Broad）"正确"定义的接受。在《伦理学理论的五种类型》（*Five Types of Ethical Theory*）中，布罗德写道：

> 在我看来，当我说任何东西是"正确的"时，我总是把它看作某个更广泛的总体情况中的一个因素，而且我的意思是，它与情况的其余部分"适当地"或"合适地"相关……正确性和错误性的这种关系特征往往被这样一个事实掩盖，即某些类型的行动通常被认为是绝对错误的；但我认为，这只意味着它们被认为对所有情况都不适合。[22]

罗斯同意这一点，只是补充说，"正确"应该被定义为"尽可能适合整个情况"。[23] 他认为，正确的属性不能被理解为"完全适合某个情况"或"某种程度上适合某个情况"。因为一个行为可能是正确的，尽管它并不是完全适合的，例如，如果它涉及违反承诺，或产生一些糟糕的后果。同样的例子表明，一个行为在某种程度上可以是不合适的，但不是错误的。因此，对于实际的正确性的理解既不应该为完全合适，也不应该为某种程度上合适，而应该是尽可能适合整个情况的特征。

正是在对这一点的讨论中，罗斯提出了"显见"的第二个定义。一个行为，如果与整个情况的某些方面相适应，那么它就是显见上正确的，如果与情况的某些方面不相适应，那么它就是显见上错误的。[24] 罗斯认为合适的概念是无法定义的，但仍然主张我们可以讨论它。特别是，我们可以区分出不同类型的恰当性，并说明哪类恰当性在伦理学中是合适的。

罗斯区分了三种类型的恰当性：工具的、审美的和道德的。第一种类型的恰当性是指某物具有的非常适配或适合某些目的的属性。因此，工具性的恰当性可以被理解为"对某个或其他目的的适宜性或合适性"。[25] 但是，说一个行为在道德上适合行动者的某些责任，因为它是在履行这些责任，并不是说对这种责任的履行很适合行动者所考虑的某种目的。道德上的恰当性不是行为与行动者所期望的目的之间的关系。

审美的恰当性，就像道德的恰当性一样，不是工具性的，而只是一个美丽的整体各个部分相互联系的独特方式。罗斯以两种方式描述这种关系的独特性。首先，他说美丽整体的一个部分与其他部分的关系是恰当的，因为它"呼唤"它们。[26] 其次，它以一种产生和谐整体的方式与它们恰当地相关。[27]

他声称，道德上的恰当性与这两种美学的特征都有一定的相似性："在某个条件下要求某些行为的方式与一个美丽整体的一部分要求其他部分的方式，似乎并不完全不同。"[28] 道德和审美的恰当性之间存在着家族相似性的第二个方面，进一步阐明了所需要的特性："作品的各个部分之间存在着直接的和谐，就像道德情境和完成它的行为之间存在着和谐一样。"[29] 罗斯这里的想法似乎是，道德上敏感的行动者在看到某些行动是情况的某些方面所要求的时，意识到其中的某种不和谐，或不完整，并认识到履行某种类型的行为，将弥补这种不足。这个想法似乎是，这种认识与艺术家认识到她正在创作的作品需要最后一笔来完成的方式有些相似。在认识到某种行为是该情况的某些方面所要求的时候，一个对道德敏感的人认为这种情况在道德上是不和谐的，或不完整的，同时认识到履行这种行为会使情况的这一特点相协调或完整。因此，为了理解一个行为显见上是正确的这一事实，人们必须以某种方式看到这种情况，即道德上的不和谐或缺乏，同时，看到这种类型的行为可以弥补这种缺陷。

这并没有告诉我们道德上的恰当性与审美上的恰当性有何区别，但罗斯认为在这个问题上没什么能说的。[30] 他的观点是，审美和道德的恰当性是可确定的"恰当性"的两个确定的类型，我们无法描述区分一个和另一个确定形式的特征，就像我们无法描述区分可确定的"一种颜色"的各种确定形式的特征。[31] 他认为，这种无能为力反映了一个事实，即这些确定的形式并不是共享某些方面而在其他方面不同的复杂特征，而非哲学上的失败。

尽管如此，人们可能会认为，"恰当性"的概念太像一个美学概念，以致不能在伦理学中发挥如此基本的作用。[32] 正如罗斯所描述的，一个东西与另一个东西相适应的概念，本质上是一种匹配。它意味着一个东西与另一个东西"相配"，或者以某种美学上令人愉悦的方式提升它。某一事物与另一事物不匹配是指它们以某种方式发生冲突，例如，某些衣服或颜色冲突的方式。然而，我并不清楚，我们能否以这种方式使一个行动的某个方面与某种情况的某个方面不匹配。这个想法不是说它与情况的这一特征相冲突，或"不符合"，而是说它在某种程度上是错误的，但实际上并没有错误。因此，我认为罗斯的不和谐概念是一个过于审美的概念，对于理解显见正确性和实际正确性之间的关系并没有太大用处。

这使我想到罗斯为了解释显见的正确性所做的第三次也是最后一

次尝试。我已经提到，在《正确与善》中，罗斯不满意"显见义务"这个词语，他宁愿使用一个不同的词语，而不是用一个形容词来修饰"义务"这个概念。在《伦理学基础》中，他用"责任"（responsibility）代替了"显见义务"。[33] 用"责任"代替"显见义务"有很多好处。它抵制了将义务同一些与义务不一样但又相关的东西相混淆的诱惑，也意味着可以避免显见义务这一误导性术语。[34]

但责任的概念并不完全地适用于所有显见义务。我们完全不清楚我是否有责任不伤害你，或有责任使自己变得更好，或对我可以帮助的陌生人有责任。即使我们接受这个对显见义务的解释，它也不能帮助我们理解显见正确性和实际正确性之间的关系。责任的概念并没有描述一个行动的某些方面与它的正确性之间的关系，而是描述行动者，行动者对其负有责任的人，以及行动者需要负责的人或事之间的关系。① 然而，我们想知道的是，行为所具有的履行责任的特征与它的实际正确性存在什么关系。所有正确的行为都具有履行某种责任的特征，并未使我们了解到这一点。因此，显见义务作为责任，这一解释并没有提供我们所寻找的东西。

最后，我认为罗斯没能澄清显见正确性和实际正确性之间的关系，[35] 但给我们留下了足够的线索去理解他通过这一概念想要表达的含义，让我们能对此提出一种解释。接下来我将转向这一点。

---

① 比如我对 P 承诺了照顾她的孩子 K，那么我对 P 负有责任（responsible to），而 K 则是我需要负责的人（responsible for）。尽管通常来说使用 responsible for 这一短语时后面并不直接说某人，但该短语原则上指的是某些一般性的对象使得某人负有责任，所以可能也能说 responsible for someone。感谢罗里·奥康奈尔（Rory O'Connell）和里安·西莫内利（Ryan Simonelli）帮我厘清这一说法。——译注

## 显见义务，作为规范性道德理由的原则

在《正确与善》中，罗斯在讨论"什么使正确的行为成为正确的？"这一问题时引入了显见义务的概念；在《伦理学基础》中，这一概念出现在他对正确性基础的理论的讨论末尾。这种情况表明，他认为显见义务和实际义务的关系是其中一种基础和结果的关系，换句话说，他认为显见的正确性是一个行为实际上正确的理由。这一解读也得到了事实的支持——他把显见义务看作一个行为正确的原因。然而，这不可能是全部，因为罗斯认为道德上错误的行为可以是显见上正确的，但不能说这种行为的显见正确性可以理解为使行为正确的原因，因为这种行为是不正确的。既然一个行为的显见正确性并不使该行为在所有情况下都是正确的，这就不可能完全是罗斯对这个概念所持有的意思。

区分显见义务和恰当义务，罗斯所期望做出的，一个更好的方法是参考第一章提及的菲利帕·福特对裁决性和证据性的道德考量的区分。我得提醒一下自己，裁决性道德考量是某种行为的义务性地位，对应总体裁决的内容——关于某种行为在道德上是否正确、错误或可允许。另一方面，证据性考量是那些支持但不构成这些裁决性考量的考量。利用这对术语，我们可以用以下方式阐明罗斯在显见义务和恰当义务之间所做的区别：恰当义务是一种裁决性道德考量，而显见义务是证据性道德考量，在此基础上，我们达成或应当达成一个总体道德裁决，即判断我们获得了哪种裁决性道德考量。这种证据性道德考量不是一般化的裁决性道德考量。罗斯并不是说，一个人在应当遵守

承诺的情况下,他就应该如此行动,因为他总是应当遵守自己的承诺。相反,显见义务是一般化的证据性道德考量。它们描述了行动的一般方面,这些方面对于道德慎思来说是重要的,并且描述了这些方面重要的方式。因此,举例来说,一个行为可能具有的遵守承诺的特征,对于旨在达成总体道德裁决的慎思来说是重要的,而且慎思总是支持该行为;而一个行为可能具有的违背承诺的特征,对于道德慎思来说也是重要的,尽管慎思总是反对该行为。因此,我们可以说某些考量具有积极或消极的重要性。对于一个行为的一个方面具有积极的重要性,指这个方面构成了支持履行这个行为的考量;具有负面的道德重要性,指它是一种反对履行这个行为的考量。我们可以这样描述:行为显见上正确或错误的方式,指行为的道德方面是支持或反对它。因此,显见义务可以被理解为陈述证据性道德考量的原则,也就是说,它规定了哪些类型的考量在道德上是重要的,以及它们如何变得重要,以确定某种行为应当或不应当做。

但是,要说一个行为的某一方面显见上正确就是它支持该行为,我们就必须说明这个方面以何种方式支持它;看来我们能给出的唯一答案是,它通过提供一个行动的理由而支持它。因此,我们可以将一个正确行为显见上的错误方面理解为一个反对做出这个行为的道德理由,但这个行为还是应当做出的。尽管这一特征在决定该行为的义务特征的意义上并不突出,但在指出该行为道德上存在缺陷的方式的意义上却是突出的,换言之,它指出有道德上的理由不做出该行为这一事实,在这方面,尽管该行为作为一个整体是正确的,相应的内疚却是适当的。(这是罗斯通过恰当性这一概念试图说明的要点。)同样,一个错误行为显见上的正确方面给予我们一个道德上的理由去履行该行为，即使综合考虑下我们不应当如此行动。正是因为这个方面构成了做出这个行动的理由，所以即使它被另一更强大的理由击败，它仍然会使这个行动在没有考虑到该行为显见上错误的情况下成为正确的。[36] 这里的意思是，即使不应当履行，我们也有道德上的理由去做出这个行为，这个想法并不比有一些理由相信 P，即使更多的理由不相信 P 更成问题。因此显见义务没有表达一般化的裁决性道德考量，而是一般化的证据性道德考量。更确切地说，它们是规范性道德理由的原则，指明哪些考量提供了道德理由，以及这些考量给了我们做不做出行动的理由。

如果把罗斯的显见义务理解为表达了一般化的证据性道德考量，而不是表达了某些类型的一般化的裁决性道德考量，我们就不应该对他的解释构成了规范性道德理由的理论的想法感到那么惊讶。因为，正如我们所看到的，某种考量对决定我们应该做什么是突出的，以及它构成我们应当以某种方式行动的理由，这两个想法之间几乎没有什么差距。使它们看起来不一样的是罗斯所使用的判断性的术语，以及他对这个概念的误导性的解释。一旦放弃这个术语，并且澄清罗斯所要表达的意思，我们就有充分的理由认为他的显见义务，也就是道德重要性的原则，构成了规范性道德理由的原则，而不是义务的原则。作为规定哪些考量是规范性道德理由的原则，即证据性道德考量的原则，这些道德重要性原则可以弥合位于第四章末尾的缝隙。我们现在需要具体说明，一旦这个空白被罗斯式的塞子填满，康德对道德价值的解释会是什么样子。

## 填补空白

我现在要做的是把罗斯关于规范性道德理由的解释纳入第四章所勾勒的出于义务而行动的解释。根据这一解释，出于义务而做 Φ 是指从一个特定的次级动机和主要动机出发去做 Φ。一个人的次级动机必须是义务。义务发挥次级动机的功能，就是在说我认为自己有充分的理由（也即充分的主要动机性理由）去做 Φ，只要我判断"做 Φ"是道德上要求的。然而，该行为被要求的事实不会是我认为它是充分的（主要动机性）理由。这个主要的动机性理由是做 Φ 在道德上之所以被要求的规范性理由，或者，如果我的信念是错误的，我相信它为什么是被要求的理由。[37]

由于道德法则仅仅作为义务的超验条件，以及道德判断的标准，它并没有为我们提供关于规范性道德理由的解释。但是，鉴于康德对道德价值的解释，我们需要解释道德理由，因为这种解释将指明在有利的条件下，什么可以作为道德上好的行动者的主要动机。既然罗斯的显见义务理论是对规范性道德理由的解释，这一理论可以用来填补康德对道德价值的解释中因拒绝道德法则的辩护性概念而留下的漏洞。然而，显见义务的原则，而非属于这些考量类型的殊相，是我们应当以某种方式行动的理由。这些原则本身并不是道德理由，但它们指明了哪些类型的考量是道德理由。没有这些原则，它们所规定的考量就不可能成为道德理由。因为，只有属于这些原则，而这些原则又属于道德法则，它们才能够获得严格的普遍性，这是产生道德要求的必要条件。

以某种方式行动的道德理由是什么，取决于义务的内容。如果道德要求我做的是遵守承诺，那么忠诚原则将决定我这样做的理由：我应当做 Φ，只是因为我向 A 承诺了会这样做。如果我的义务是仁慈的，我应当这样做的原因是我可以减轻某人的痛苦，或者我可以使某人快乐，或者类似的原因。鉴于对称性论题，这意味着道德上的善行将出于主要动机，而这些动机的内容是相关显见义务所规定的情况本质中一些具体的特殊考量，例如我答应了 A 去做 Φ，或者某人处于困境，或者某人在过去帮了我一把，或者诸如此类的事实。但是，尽管出于这样的主要动机而行动是道德价值的一个必要条件，但不是充分条件。为了使一个行为具有道德价值，它还必须是出于某种次级动机的。一个人的主要动机必须是行动在道德上之所以被要求的规范性理由，而次级动机必须是他对自己行为的道德性的无条件承诺。从这样的次级动机出发，并不是从某种欲望或是其他出发，而只是认为自己有足够的理由以某种方式行动，只要判断自己应当以这种方式行动，并认为自己有这样的理由——独立于我们碰巧所具有的需求或欲望。

利用对规范性道德理由罗斯式的解释，同时赋予道德原则以纯超验的角色，从道德重要性原则到道德法则本身，这一做法的优点在于它允许具体的考量，比如我答应做某事、某人需要帮助、我欠某人一个人情等等事实，来激发道德上的好人，而不放弃这种人的行动和道德慎思被越来越抽象的原则等级所指导的观点。因此，它不会成为对第三章中所考虑的出于义务而行动的解释批评的对象。它还满足了对称性论题所提出的要求，而不像对出于义务而行动的标准解释那样。

## 结　论

在这一章中，我试图通过借鉴罗斯对显见义务的解释，为康德对道德价值的解释提供必要的补充。我论证了，这些原则不是一般化的裁决性道德考量，而是一般化的证据性道德考量，也就是说，它们规定的不是我们应当做什么，而是我们为什么应当以某种方式行动。因此，罗斯提供的并不只是一系列关于我们应该做什么的无根据的裁决，而是基本的原则，具体说明什么是我们应该做什么的突出决定项。对于这些原则，不可能也不需要提供进一步的道德辩护。我们不需要接受来自权威或通过直觉产生的道德裁决。如果有人不知道他应当遵守承诺只是因为他已经做出了承诺，或者他应当帮助某人只是因为他们需要帮助，那么绝对命令（作为道德判断的标准）可以为他提供理由去相信他应当做出这些具体考虑所支持的行为。然而，对于大多数人来说，这不会是一个问题。在特定的情况或某些类型的情况下，我们在道德上应当做什么，往往存在很大的分歧（尽管道德哲学家往往夸大了我们的分歧程度）；而对于什么具有根本的道德重要性，以及它们如何变得重要，却有大量的共识，这些共识能确定我们在这些情况下应该做什么。例如，在关于堕胎的争论中，大多数人同意母亲和未出生的孩子的利益，以及人的生命价值和自主性具有突出的重要性。他们反对的往往是这些非常不同的、相互冲突的证据性道德考量的重要性程度，或非道德的事实，如胎儿算不算一个人。然而，即使在这个基本层面上，仍可能存在，也确实存在分歧。我们不能用绝对命令测试来让某人看到某些考量给了他们以某种方式行动的道德理由，但能让他们看到他们应该如此行动。因此，即使在"对于我们应该如何行动而言，什么东西是重要的"这一根本层面存在分歧的情况下，我们也不会沦为单纯的断言或单纯的力量。我们可以为我们应当做 Φ 的道德裁决提供辩护，而不需要暗示我们应当做 Φ 的理由。

# 6

# 论出于义务而行动的价值

## 导 论

到目前为止,我一直关注的是阐明什么是出于义务而行动。在这一章中,我想转而讨论出于义务而行动的价值问题。很少有人会不同意康德关于诚实的店主的例子所要说明的一点,即从自我利益出发的行为缺乏任何道德价值,即使它在这个例子中是道德上正确的行为。事实上,很多人都会乐于赞同《奠基》第一部分第二个例子中所阐述的主张,即一个人出于直接的倾向而保全自己生命的行为缺乏任何道德价值,即使这种行为符合义务。但是,尽管人们可能承认出于直接倾向的行动与有道德价值的行为之间没有必然的联系,却还是会认为,如果一个人的直接倾向是做他应该做的事,比如说,帮助别人,那么他的行为就有道德价值。如果我只有一个帮助别人的间接欲望,那么这一欲望只是满足我其他欲望的手段或方式,比如对赞美或荣誉的欲望。另一方面,如果我的欲望仅仅是帮助他人,而不是出于其他目的,那么这种欲望就是直接的。康德在《奠基》第一部分中的第三个例子,应该是为了防止这一想法,即帮助他人的直接欲望在道德上是好的,并得出结论,只有出于义务的动机才有道德价值。他写道:

> 在我们力所能及的范围内帮助他人是一种义务,除此之外,还有许多具有同情心的人,在没有任何虚荣或自我利益的动机的情况下,他们在向周围的人传播幸福中找到了内心的快乐,并且可以把别人的满足作为自己的来看待。然而,我认为,在这种情况下,这种行为,无论它多么正确,多么令人愉快,都没有真正的道德价值。[1]

为了强调这一点,康德继续让我们想象,这样一个人类的朋友被他自己的问题压得喘不过气,以至于没有任何倾向去帮助别人。康德声称,如果在这样一种状态下,他可以让自己从这种致命的麻木不仁的状态中分离出一部分来帮助他人,"没有任何倾向而仅仅是为了义务自身;他的行动第一次有了真正的道德价值"。[2]那么,他的观点是,任何倾向都不具有道德价值。只有义务的动机具有这种独特的价值形式,因此可以将这种价值赋予出于其而履行的行为。

这种观点在很多人看来是错误的。他们认为,有多种动机在道德上是好的。义务的动机是其中之一,但它不是唯一的。由某些倾向驱动的行为也是道德上好的。[3]在本章中,我想为康德"只有出于义务的行动才有道德价值"的观点辩护。在我尝试这样做之前,澄清一些误解是有益的。

## 一些误解

最显而易见的错误即把康德看作是在主张只有我们不想这么做时，行为才是道德上好的。席勒（Schiller）就是这样理解康德，并据此在这段著名的诗句中嘲笑他的：

> 我很乐意服务我的朋友，然后不幸的是我从中感受到快乐。
> 因此我为怀疑所困，我不是一个有美德的人。
> 对此，我们有了答案：
> 当然，你唯一的办法就是完全鄙视他们，
> 带着厌恶去履行你的义务的要求。[4]

席勒显然将康德解读为，只有当我们不想帮助别人时，我们的行为才有道德价值，并以此嘲笑他。但这种讥讽是不恰当的。正如许多评论家所指出的，康德并不是在说我们的行为只有在我们不想如此行动的时候才有道德价值。他所宣称的是，当我们考虑这些行为是否具有任何道德价值时，我们是否想做我们应该做的事是一个不相关的问题。即使我们想做我们应该做的事，我们的行为也只有在出于义务的动机时才有道德价值。（如果行动是出于义务和倾向的，它们是否具有道德价值就是一个不同的问题，我将在后面谈到这个问题。）康德用一个不想做他应当做的事的人作为例子，并不是因为他认为一个人的行为只有在不想做道德要求的行动时才有道德价值，而是因为在一个人想做他应当做的事时，我们不清楚他的动机是倾向还是义务。

在后来的作品中，康德甚至更进一步，他开始相信，如果一个人不想做他应该做的事，这种厌恶就会让人对他的品德产生怀疑。例如，在《单纯理性限度内的宗教》中，他写道：

> 如果有人问，什么是审美特征，可以说是美德的气质，不管是勇敢的和因此而喜悦的，还是恐惧的和颓废的，几乎没有必要回答。如果没有对［道德］法则的隐痛，后一种奴性的心态就永远不会出现。一颗在履行义务时感到快乐的心（而不仅仅是在认识到这一点时感到自满）是美德品格真正的标志。[5]

因此，康德不仅仅认为一个人伴随着直接倾向的行为可以具有道德价值，同时还认为一个人如果是真正具有美德的人，那么他还会想要做他应当做的事。因此我们应该消除席勒和其他人对康德所采取的这种极度错误的解读。

人们可能认为，康德认为帮助他人的直接倾向缺乏任何价值，但这也是错误的。康德并没有说传播幸福的动机是没有价值的；相反，他把它描述为"令人愉快的"和"正确的"，以及值得"赞美和鼓励的"。[6] 他只否认，它有一种特别的价值形式，即道德价值。他之所以否认它的道德价值，是因为他认为某物要成为道德上的善，必须是无条件的善，即在所有情况下都是好的；而且，出于我将在后面谈到的原因，他认为在没有善良意志的情况下，帮助他人的直接倾向并不是善。但是，康德关于帮助他人的直接倾向并不总是好的观点与以下观点相一致：当它是好的时，它具有真正的价值，即是值得赞扬的。

他当然不认为，当帮助他人的直接倾向是好的时，它只具有工具性的价值。对康德来说，工具性的善与有条件的善是不一样的。对他来说，工具性的价值只是有条件的价值的一种形式。这一点在他对幸福价值的讨论中表现得很清楚。康德认为，幸福是一种有条件的善，它的条件是善良意志的存在。但这并不意味着幸福只有作为促进善良意志的一种手段时才是好的；相反，这意味着，如果幸福是应得的，它就是好的，如果一个人有善良的意志，幸福就是应得的。[7]因此，康德认为，帮助他人的直接倾向是值得赞扬的，而且是为其本身而值得赞扬的。他所否认的只是，它是无条件的善，因此可以是道德上的善。

但是，尽管康德认为传播幸福的倾向在它是好的时是值得赞扬的，却也坚持认为它"与其他倾向站在同样的位置上"。现在我们知道，他的意思在于传播幸福的动机值得赞扬，而非它并未好于一些自私的倾向，因为这些倾向从来都不是值得赞扬的。因此，为了理解这句话，我们需要知道传播幸福的倾向在哪些方面与所有其他倾向处于同一地位。

## 与正确性非偶然的关系

芭芭拉·赫尔曼论证过，所有的倾向性动机都不适合作为道德价值的载体，因为它们与出于其而做出的行动的正确性之间仅仅是偶然的关系。她考察了两个例子：店主出于自身利益而对顾客诚实，以及"人类的朋友"出于直接的倾向而帮助他人。她论证，这两个例子的相关要点在于，这些动机让我们有理由采取的行动可能是正确的，但行动者的倾向和环境偶然一致时，它们才是正确的。[8]一旦情况发生变化，向一些顾客撒谎变得符合店主的利益，自我利益的动机就给了他这样做的理由。赫尔曼在谈到康德"人类的朋友"的例子时使用了同样的论证思路。她指出，如果一个人帮助别人只是因为他想这样做，那么他就有理由做错误的事情去帮助别人。[9]因此，如果一个人的动机仅仅是帮助他人这一直接倾向，那么这种倾向会给人一个采取错误行动的理由。但是，一个道德上好的动机不可能是一个给行动者提供做错事的理由的动机。因此，帮助他人的直接倾向并不是道德价值的合适载体。

因此，赫尔曼得出结论：康德的例子意味着他认为包含倾向的动机，即使这个倾向是帮助他人，也不含道德价值，因为它们只是偶然地与由此产生的行为的正确性相关，故它们不能为行动者提供对她行为的道德的兴趣。[10]她认为，这表明，一个道德上好的动机必须给予行动者对她行为的正确性的兴趣，"因此，它是一个正确的行动，是行动者关切的非偶然的结果"。[11]只有义务的动机才能做到这一点。

我认为这种对动机具有道德价值的解释基本上是正确的，尽管它的说服力程度取决于我们如何理解动机与由此产生的行为的正确性之间非偶然的关系。赫尔曼似乎在处理两种不同的概念：第一种，一个道德上好的动机将保证出于它所做出的行为是正确的。例如，她说康德的店主的例子"表明需要一个动机来保证正确的行为会被履行"。[12]在这里，她清楚地认为，义务的动机将提供这样的保证。第二种，一个道德上好的动机必须是一个让行动者对其行为的道德正确性感兴趣的动机。我拒绝第一种对动机和由此产生的行为的正确性之间非偶然关系的理解,并为第二种辩护,回应那些可能的反对意见。

虽然一个人出于某种倾向,甚至出于履行义务的倾向而行动,确实不一定会做他应当做的事,但这似乎同样适用于出于义务而行动的人。因为我的行为的正确性并不仅仅取决于我的动机,还取决于我的判断力的质量和我的信念的真值。不管动机有多好,如果我的判断不好,或者我的判断所依据的信念是错误的,我就不太可能做出正确的行动。

这似乎是正确的,甚至在我对于出于义务而行动的解释中也是如此。因为根据这种解释,出于义务而行动是认为自己有足够的理由做 Φ,只要某人判断"做 Φ"是正确的,并以自己认为应当做 Φ 的规范性理由为动机从而做 Φ。但是,判断在 C 的情况下"做 Φ"是正确的,这可能是错误的,就像一个人对"做 Φ"的规范性道德理由的信念可能是错误的一样。如果我对"做 Φ"在当时情况下正确的判断是错误的,那么我出于义务而行动几乎肯定做不到正确的事情。如果我裁决性的判断是正确的,但我对我应当"做 Φ"的规范性理由的信念是错误的,那么我会做正确的事情,我的行为是正确的这一事实却将只是偶然地与我行动的主要动机相关。因为如果作为我主要动机的理由不是我应当做 Φ 的理由,那么,我正确地得出"做 Φ"正确的结论,进而做出正确的事情,就只是一个运气问题。因此,如果一个道德上好的动机必须是这样的——它保证我做出正确的行为,那么没有任何动机会是道德上好的。

康德是否坚持这样一种令人难以置信的观点,即出于义务而行动的人无法做出错误的行为?一些康德学者相信他持有这种观点。[13] 例如，帕顿（Paton）引用了《奠基》第二部分中的一段话，康德在这段话中说，义务以外的动机有时会导致正确的行为，有时会导致错误的行为。[14] 帕顿声称，这段话意味着康德认为，出于义务的动机的行动总是正确的。但是，将这种不合理的观点归于康德的证据非常薄弱。康德认为义务以外的动机可能导致错误的行为，但这并不意味着他认为义务的动机不能导致错误的行为。

有人可能会认为下面的文段支持了帕顿的解读：

> 我在此将略过所有已经确认（already recognized）为违背义务的行为，无论这些行为对达到这个或那个目的多么有用；因为关于这些行为，甚至不存在是否可以为了义务而行动的问题，因为它们直接与义务相对立。[15]

在这里，康德似乎是在宣称，一个出于义务而行动的人不可能做违背义务的事情。然而，仔细观察就会发现，情况并非如此。关键的概念是"已经确认"。我认为这意味着"行动者已经确认"。以这种方式理解，康德并没有承诺一个可疑的假设，即一个人的动机保证了他行为的正确性。康德只是在说，一个行动者不能从义务的动机出发去采取一个他已经确认违背了义务的行为。这并没有排除一个人可能出于义务而做出错误的行为的想法；它所排除的只是一个人出于义务做出一个他已经确认是错误的行为的可能性。因此，康德认为出于义务而行动保证了一个人的行为的正确性，这种观点似乎并未得到明确的支持。

导致评论者将这种观点归于康德的原因可能是他的这样一个想法，即一个行为的道德价值与意愿它所导致的结果无关，因此与成功实现该结果无关。但这把康德关于道德价值或善的观点与他关于道德正确性的观点混淆了。他清楚地认为，一个行为的道德价值不来自我们意愿达到某种目的的结果，而源于我们意愿达到这一目的的理由。同样清楚的是，他认为一个行为只有在出于义务的情况下才具有道德价值。但是，康德对按照义务行动和出于义务行动的区分表明，他认为道德上的正确性与道德价值是完全不同的。因为按照义务行动而非出于义务行动是做正确的行为，但不是做道德上好的行为。既然他认为道德上的正确性和道德上的善是截然不同的概念，那么他认为一个行动可以仅仅凭借某种意愿的方式而具有道德上的价值这一事实决不表明他认为道德上的正确行为也是如此。

义务的动机与行动者行为的正确性倘若在前者保证了后者的意义上没有必然的联系，它们在什么意义上才有非偶然的联系呢？阿利森（Henry Allison）认为，这种必然的联系可以通过修正康德的解释来实现，即一个行为要有道德价值，就应该既出于义务，又符合义务。[16]但是，正如阿利森所指出的，尽管这在道德上的善和正确行为之间建立了必要的联系，却使康德的主张变得微不足道。此外，如果义务的动机不能保证一个人做出正确的行为，也就无法解释为什么康德认为这种动机在引导一个人做出正确的行为时在道德上是好的，而倾向的动机则不是。

那么，为什么康德否认所有的倾向都不能作为道德价值的载体？理解赫尔曼主张的第二种方式似乎为我们提供了答案。根据这种理解，义务的动机的独特之处——也是倾向所缺乏的——就是能够使行动者对她的行为产生道德上的兴趣。这种兴趣不能保证我们做正确的事情，就像对谨慎的兴趣不能保证一个人总是博取自己的利益一样。但是，在对道德上好的动机的这种理解中，重要的不是动机保证了行动是正确的，而是当它正确时，它的正确性与做这件事的动机并非偶然地相关。根据这种解释，一个人行为的正确性与履行该行为的动机非偶然地相关，因为这种动机使行动者对其行为的正确性有一种非派生性的关注。实际上，按照我的理解，出于义务而行动，并不是说义务的动机给了行动者对其行为正确性的兴趣，而是包括了（作为次级动机）对道德无条件的承诺。正是由于这一点，以及行动者的主要动机性理由将与行为正确的理由相同这一事实，才使得从这个动机结构出发所做出的行为是正确的（当它是正确的时候）这一事实不再仅仅是动机和环境幸运地一致。

但是，如果这就是义务的动机与由此产生的行为的正确性非偶然地相关的方式，那么它看起来似乎未能排除所有倾向可以作为道德价值的载体。因为尽管帮助他人的直接欲望不能满足道德价值的这一标准，但做正确事情的直接欲望似乎可以通过这一测试。[17]拥有去履行正确行为的直接欲望就是被激发去做某人相信在这种情况下正确的行动。因此，当一个人的道德信念是正确的，并且他做出了正确的行为，其正确性似乎与做这件事的动机并非偶然地相关。这是因为，如果一个人是由这种直接的欲望驱动，那他就会对他的行为的正确性产生一种非派生性的关注。如果这是正确的，那至少这种欲望是道德价值的合适载体。

通过这样一种方式来回应以下观点似乎很有吸引力：若一个人出于这种欲望而行动，那他感兴趣的并不是自己行为的正确性，而是满足自己的欲望。但这种回应扭曲了事情的真相。一个人关心什么由他欲望的内容决定，所以合理地说"一个出于直接欲望去做正确的事情的人真正关心的只是满足这个欲望"唯一的方式，即坚持认为这个欲望真的是一个满足这个欲望的欲望。但这错误地把一阶欲望（做正确的事）当作二阶欲望（满足这个一阶欲望）。也许我们确实都有一个满足一阶欲望的二阶欲望，但这并不意味着我们真正关心的不是一阶欲望的内容，而只是这个二阶欲望的内容。这个结论不仅不成立，而且似乎是错误的。我真正关心我欲望的内容与否无关二阶欲望，取决于我欲望的是这个内容本身，还是仅仅作为满足其他欲望的手段。但我们不能说做正确事情的直接欲望并不是做正确事情的欲望，因为就这种欲望是直接的而言，它是为了做正确的事情自身的欲望，而不是为了满足我们碰巧有的一些其他欲望。康德并不想否认帮助他人的直接欲望的可能性，而只是想否认它具有道德价值。我看不出他有什么理由认为，做正确的事的欲望不可能是一种直接的欲望。如果这是正确的，那么这种欲望将表达一种非派生性的（直接的）关注，不是为了满足一个人的欲望，而是为了一个人行动的正确性。因此，当一个人出于直接的欲望去做正确的事情时，他行为的正确性将反映行动者对其行为的道德性的真正关注，就像出于义务而行动一样。

尽管这种欲望会为行动者的动机和由此产生的行动的正确性提供正确的联系，但它不能契合康德关于道德价值解释的另一个方面——我称之为对称性论题。根据对称性论题，一个道德上的好人履行她应该做的事的主要动机将倾向于成为她应该以这种方式行动的规范性理由，反之，她应该以这种方式行动的规范性理由将倾向于成为她如此行动的主要动机。对称性论题排除了康德在一般意义上理解出于义务而行动的可能性，即仅仅因为它是正确的而做正确的事情，因为这将意味着某些行为仅仅因为它是正确的而正确。对称性论题还表明，做正确事情的直接欲望不可能是一个有善良意志的人行动的动机。因为如果一个好人有这样的动机去做她应该做的事，那就表明她应该这样做的规范性理由之一是她想这样做。然而，很少有（如果有的话）这样的情况，即某些行为正确的规范性理由之一是，因为我们想做正确的事情。我应该帮助别人的原因是他们需要帮助，而不是他们需要帮助且我渴望做正确的事情。同样，如果我已经答应了 A 我会做 Φ，我会做 Φ 的原因是我答应了，而不是我答应了并且我渴望做正确的事情。因此，即使做正确事情的直接欲望也不能成为道德上的好动机。因为尽管当这个行为是正确的时候，这个欲望与由此所做出的行为的正确性非偶然地相关，它却不会以正确的方式与正确性非偶然地相关。正确的方式是由对称性论题产生的方式。按照我的理解，义务的动机与正确性以正确的方式非偶然地相关，然而没有任何倾向如此，故任何倾向都不可能具有道德价值。

## 多重因素决定的行动

我们现在需要转向第三章中延迟回答的问题——多重因素决定的行动在道德上是不是好的。在这种情况下，区分两种情况是有帮助的。第一种情况是出于义务和倾向而行动时，二者本身都不足以激发义务性的行动。我们称之为"混合行动"。[18] 第二种情况是出于义务和倾向而行动时，这两种动机对行动都是充分的。我们将这些称为"多重因素决定的行动"。当然，还有一些情况介于这两种情况之间，但将它们包含在内会使事情不必要地复杂化，所以我忽略了它们。

我们所考虑的这个问题在混合行动方面比在多重因素决定的行动方面更容易回答，因为康德说得很清楚，一个行动要有道德价值，义务的动机必须足以激发义务性的行动。[19] 既然对于混合行动来说，义务的动机是不充分的，它们就不可能有道德价值。

康德之所以坚持义务的动机是充分的，是因为如果它不充分，那么行动者必须寻找其他的理由来履行这个行为，这就清楚地证明行动者没有把道德的考量看作决定性的。[20] 他坚持义务的动机应该是充分的，主要原因是当它不充分的时候，行动者就会以倾向的存在作为义务行动的条件。但这个条件"会破坏所有的道德价值，就像在几何公理中掺杂任何经验性的东西会破坏数学公理一样"。[21] 正是因为我们将义务的行动以倾向的存在和运作为条件，混合行动才没有道德价值。那么多重因素决定的行动能有道德价值吗？

按照我们的理解，一个多重因素决定的行动是一个由倾向和义务激发的行动，其中任何一个动机本身就足以驱动该行动。但是，每一个动机都足以激发行动，这意味着什么呢？人们可能会认为，倾向是充分的指即使行动者判断该行动是错误的，它还是充分的。但这是不对的，因为它会使义务的动机失去任何值得拥有的充分性。正如巴伦所指出的：

即使行动者看到行动是错误的，倾向性仍然是充分的，就是在说，在义务和倾向性发生冲突时，倾向性会获胜。但是，义务是充分的，又是什么意思呢？这只是在说，只要义务和倾向没有冲突，义务就会是一个"充分的动机"：只要没有竞争，它就会"赢"。显然，以这种方式理解"倾向自身就是充分的"，会使义务的动机失去一切值得拥有的充分性。[22]

问题是，按照巴伦所建议的这种可能解读，倾向的动机一切值得拥有的充分性都被剥夺了。按照巴伦的说法，一个行动是由多重因素决定的，就是在说：

（1）只要我不认为这个行动是错误的，我做这个行动的倾向就足以促使我履行这个行为（而不需要由额外的动机来补充，例如这将在未来得到回报，或者这在道德上是好事，尽管不是必需的）；以及

（2）在没有共同配合的倾向的情况下，义务的动机就足够了；以及

（3）决定该行动的是两个独立运作的动机（作为主要动机的义务，以及倾向），而非二者良好的结合（也即不是通过相互支持来获得力量）。[23]

这种说法的问题在于（1）。据此，倾向被描述为一个做 Φ 的充分的动机，其条件是我判断"做 Φ"是可允许的（广义上的可允许，包

括义务性的和仅仅可允许的行动）。但这只表明，如果义务和倾向存在明显的冲突，义务就会胜出；而关于倾向是一个充分的动机意味着什么，仍未说清。巴伦拒绝另一种对倾向的充分性的解释的理由，也为拒绝她自己的解释提供了一个很好的理由。

如下所述，才是构想多重因素决定的行动更好的方式，即 Φ 这一行为是由多重因素决定的，当且仅当：

（1*）在对这一行为的状态没有任何道德判断的情况下，人们会（出于倾向）做 Φ；
（2）在没有共同配合的倾向的情况下，义务的动机就足够了；以及
（3）决定该行为的是两个独立运作的动机（作为主要动机的义务，以及倾向），而非二者良好的结合。

这并不是说，即使某人不认为应该这么做，但由于倾向充分，她就会做 Φ。因为当一个人判断这是错误的时候，这与做 Φ 是一致的，而且，正如巴伦所指出的，这将使义务的动机失去任何值得拥有的充分性。但是，以我在（1*）中的方式来描述多重因素决定的行动，就规避了这一点。因为如果反事实的情况不允许对该行为做出任何道德判断，它就排除了该行为是错误的判断，因此不会剥夺义务的动机任何值得拥有的充分性。[24]

把修改后的巴伦对多重因素决定的行动的解释应用于对出于义务而行动的解释，我们得到了以下说法。一个行动是由多重因素决定的，

当且仅当：

(a) 一个人的次级动机是对道德无条件的承诺；
(b) 一个人会做 Φ（出于作为主要动机的倾向），当不对这一行为的状态做出任何道德判断时；
(c) 在没有共同配合的倾向的情况下，一个人应当做 Φ 的规范性理由就足以（在主要层面上）促使其做 Φ；而且
(d) 决定该行动的是两个独立运作的主要动机（义务的基础，以及倾向），而非二者良好的结合。

稍后，我们将不得不对多重因素决定的行动的本质进行更多讨论。然而，在这之前，我希望考虑一下，多重因素决定的行动这一概念本身是否融贯。

## 多重因素决定的行动是可理解的吗？

根据一种思路，我们所理解的多重因素决定的行动这一概念本身并没有意义，或者至少在康德式的背景下没有意义。例如，朱迪斯·贝克（Judith Baker）认为，这种想法——某人之所以可以履行一些行为，既因为它是被要求的，又因为它拥有吸引力——是不可理解的；[25] 并用这个例子来说明：某人认为他应该给学生一个好成绩，这是她应得的，而他又喜欢这个学生，所以无论如何都要给她。贝克写道：

人们觉得，如果行动者出于公平感而行动，那么喜欢学生或喜欢赋予学生好成绩就不能成为帮助行动者决定成绩的额外动机。看上去，出于公平感的行动必须完全由公平的要求决定，而额外的动机与公平要求的观点并不相容。[26]

她还考虑了一个致力于哲学专业的学生，他发现某门吸引人的课程是系里要求的。"如果这位学生选这门课，既因为它是必修课，又因为它很吸引人，"她写道，"这似乎无法理解。"[27]

为什么我们认为出于混合动机给论文打出好成绩的人或者选择一门必修课的人是不可理解的呢？或许是因为，一旦我们把这些动机看作导致教师行为的原因，就会遇到各种困难；而康德则不这样设想，他将动机设想为行动者视为正确理由的考量。[28] 然而，如果我们不仅把动机看作是动机性的，还看作非因果性的原因，那么，多重因素决定的行动便有了可理解的可能。笛卡尔在《沉思录》（*Meditation*）中似乎就是这样做的，某人在两个论证的基础上相信 P，因为每个论证都被认为提供了相信 P 的充分理由。我们认为这没有问题。在第三沉思中，他从"烙印论证"（trademark argument）得出上帝存在的结论，此后又在第五沉思中从"本体论证"（ontological argument）得出上帝存在的结论。他似乎认为其中任何一个论证都给予他足够的理由去相信上帝的存在，而且他似乎相信上帝基于这两个论证而存在。这样一种多重因素决定的信仰似乎是可以理解的。笛卡尔可能会说："我基于烙印论证相信上帝的存在；虽然我认为本体论证给了我足够的理由相信上帝存在，但我并不是因为这个原因而相信。"但他若说"我基于烙印论证和本体论证相信上帝存在"似乎同样是可能的，而且是可理解的，即使他认为这些论证中的每一个都给了他相信上帝的充分理由。但是，如果多重因素决定的信念的想法是可以理解的，我们为什么要认为多重因素决定的行动不是呢？当然，有人可能认为他们的某些欲望给了他们足够的理由去做 Φ，却坚持自己不是出于这个原因做 Φ，而是出于他们认为应当做 Φ 的规范性理由。但这种可能性本身并不排除出于这个欲望以及这些道德理由而做 Φ。

贝克认为，这样的行动不可理解的理由似乎是它们是非理性的。

> 如果一个人判断他到目前为止所考虑的理由足以为他的行动辩护，那么，只要他是理性的，他就会根据这些理由采取行动。当他判定现在是做出决定和行动的时候，对其他理由保持开放的态度是不理性的。但是，如果一个人判定有道德上的考量可以为做某事辩护，那么他就会破坏自己的判断和决策，以接纳进一步的动机。[29]

对此，首先要说明的是，即使多重因素决定的行动是非理性的，也不意味着它们是不可理解的。其次，多重因素决定的行动是不是非理性的并不明确。很明显，如果一个人把道德上的考量看作是决定性的，那么一旦他开始相信有足够的道德理由做 Φ，他就不需要寻找进一步的理由来做 Φ。一个人若觉得他必须寻找进一步的理由，那就是他把已有的道德理由看成是不充分的。尽管一个人不需要为做 Φ 寻找更多的理由，但他可能有更多的理由——倾向的理由——而且可能认识到他有这样的理由。在这种情况下，在我看来，从一个人认为充分的道德理由以及从一个人的倾向所提供的理由出发做 Φ 并无不理性之处，就像笛卡尔从一套他认为是充分的证据的论据以及从给予他理由去相信的一些其他论据出发来相信上帝存在毫无不理性之处一样。

贝克似乎认为，多重因素决定的行动是不可能的，因为这种动机结构会破坏一个人自身的判断和决策。但是我们需要在这里区分两件事。第一是我们基于一些理由判断做 Φ 是被要求的；第二是我们做 Φ 的理由。我们想做 Φ 的事实绝不是我们在道德上应当做 Φ 的理由。例如，我应当打出一个好分数给某位学生的论文，理由是它写得清楚，有想象力，论证充分，显示出对文献的理解和良好的知识，等等。我不会出于这些原因，以及因为我想给它一个好分数，或者因为我喜欢这个学生，而判断我应该给她这个分数。如果我这样做了，可能会被认为破坏了自己的判断，就像贝克所说的那样。因为这样一来，我的道德判断不能通过纯粹道德理由的考量而得出。

尽管这种倾向可能无法成为我判断我应当做 Φ 的理由之一，它却仍然可以成为我做 Φ 的一个理由。这并不是非理性的，因为它并不意味着我不受这样的考量激发，即构成我判断自己应当做 Φ 的基础的考量；如果我是被这些道德考量和我想要做 Φ 的事实激发的，那么我仍会为这些道德考量所激发。倾向并不能阻止这些考量激发我的行动，也就是说，成为我行动的理由。在这种情况下，我们所得到的结论只是，它们不是激发我做 Φ 的唯一考量，换言之，我做 Φ 的行为是由多重因素决定的。因此，贝克似乎没有提供令人信服的论据来证明多重因素决定的行动的想法本身是不可理解的，或者非理性的。

亨利·阿利森试图通过借鉴康德的能动性理论，以一种不同的方式规避多重因素决定的行动是否具有道德价值的问题。阿利森指出，对康德来说，动机只有被整合进行动者的准则才能决定意志。因此，为了考虑多重因素决定的行动的问题，我们需要考虑行动者出于什么准则采取行动。如果行动确实是由多重因素决定的，那么准则必须是一个包含两种动机的复合体。阿利森声称，使用汉森（Henson）的例子，即康德既出于义务又出于倾向而讲课，[30] 这个准则的内容将是"只要我既有义务又感到倾向于这样做，我就会讲课"；[31] 但根据他的论证，这是不可能的，因为它使义务依赖于倾向。

然后，他考虑该准则是否可以被析取地描述。如果可以，上述批评就不成立。但是，阿利森论证，这种析取的准则根本不是一个单一的准则。"它是两个不同准则在同一公式中的组合：只要义务要求我讲课，我就要讲课，以及只要有机会且我觉得倾向于讲课，我就会讲课。"[32] 如果这真的是两条准则，我们可以问，行动者是根据哪一条准则行动的；虽然我们不能肯定地回答这个问题，但就一个行动的道德价值而言，这仍然是一个有意义的问题。如果行动者出于倾向而行动，那么他的行为没有道德价值。如果他的行为是出于义务的，它就有道德价值。关键是，如果这样理解，多重因素决定的行动的概念就消失了。[33] 因此，阿利森写道："最后……多重因素决定的可能性似乎……并没有对康德的主张提供一个有力的反驳，即仅仅出于义务是赋予行动以道德价值的一个必要条件。"[34] 我不想对阿利森的做法，即拒绝所谓多重因素决定的行动的准则的连带性表述提出异议，因为我认为他的这一主张没错，即康德会否认根据这样的准则所做出的行动会有道德价值。有问题的是，他试图通过讨论析取性准则来化解这个问题。其中包含两个问题。第一，他声称一个析取的准则实际上是两个准则在同一个公式中的组合。一个析取的准则不同于两个独立的准则，其中每个准则的内容都有析取的选项。例如，如果在一种情况下，我可以要么做 Φ，要么做 Ψ，出于析取的准则"我要么做 Φ，要么做 Ψ"，我做了 Φ，那么我没有做 Ψ 的事实并不意味着我没有做我要做的事。因为我想的不是"做 Ψ"，而是"要么做 Φ，要么做 Ψ"，而且在没有单独的"做 Ψ"的准则的情况下，我并不是没有做我想做的事情。然而，如果我有两个单独的准则，一个是做 Φ，一个是做 Ψ，在一个情况中我可以选择做 Φ 或者做 Ψ，而我做了 Φ，那就是没能做成我意愿做的事，即做 Ψ。鉴于二者之间存在区别，两个不同准则的这种析取的表述，比作为析取选项中的任何一个准则本身，更好地表达了我们动机的本质。既然这可能是对多重因素决定的行动正确的析取的解释，我们可能无法将析取分成两个单独的准则而不使它被扭曲。

第二，阿利森从未解释为什么一个行动者不能同时出于两个不同的准则而采取行动。那些主张多重因素决定的行动是可能的人认为，一个人可以在同一时间出于两个不同的动机采取行动。因此，如果讨论要从动机转向准则，那么不加论证地断言一个人不可能出于一个以上的准则而行动，就只是在循环论证。因为，一旦我们把焦点转移到准则上，我们能否在同一时间出于一个以上的准则而行动，这个问题就会成为争论的焦点。

因此，我的结论是，阿利森和贝克都未能规避多重因素决定的行动的道德价值问题。在没有其他论证表明多重因素决定的行动是不可能的情况下，我们需要解决这种行动是否具有道德价值的问题。

在第三章中，我声称有一些文本支持这样的观点，即康德不会认为多重因素决定的行动具有道德价值。[35] 但我也指出，在知道康德为什么认为只有义务的动机才能赋予行为以道德价值之前，我们不能将这种段落视为决定性的。一旦决定了这一点，我们就可以看到出于义务和倾向的行为是否符合道德价值的标准。我们已经明确了义务动机的独特之处，并且凭借它可以赋予行动以道德价值，现在就可以考虑多重因素决定的行动是否可以是道德上好的了。

## 多重因素决定的行动在道德上是不是善的？

到目前为止，我们所处理的问题是当且仅当行动者在没有任何倾向的情况下会做出她认为自己应该做出的行为时，义务的动机是充分的。但义务的动机可以在更强的意义上被理解为是充分的。根据这种更强意义上的充分性，如果义务的动机本身能够促使行动者做出正确的行为，即使存在着相互冲突的动机，义务的动机也是充分的。赫尔曼论证过，无论义务动机的充分性是在弱的还是强的意义上被理解，一个多重因素决定的行动都不可能有道德价值。弱的充分性概念存在的问题是，反事实的情况表明，行动者的（多重因素决定的）动机及其行动的正确性的联系只是偶然的。强的意义上这一概念的问题是，它产生了不合理的结果。由于我对义务的动机有不同的理解，我不能简单地使自己得出她的结论。因此，一旦我总结了她的论点，就该看看它与我第四章所概述的对出于义务而行动的另一种解释是否一致。

赫尔曼论证到,如果从弱的意义上理解义务动机的充分性,在不同的情况下,非道德动机可能会促使行动者做出一些她不应该做出的行为。例如,一个店主可能出于义务和自我利益的动机而诚实,并且义务的动机是充分的,即在没有相配合的、非道德的动机的情况下,他也会诚实。但是,在没有自我利益动机的情况下,他也会诚实这一事实,与以下的可能性相容:如果他对诚实产生反感,他就不会诚实,因为他认为诚实不符合他的利益。可能的情况是,如果他诚实的代价不大,他就会违背他对义务的厌恶而采取行动。尽管如此,关于多重因素决定的弱概念并没有排除这样的可能性:如果行动者感知到成本很高,而且他对诚实的厌恶足够强烈,他就会采取错误的行动,即使义务的动机本身就足以促使他在更有利的情况下采取行动。这种可能性使人怀疑是否他行动的正确性与行动的动机的关系确是非偶然的,即使处于更有利的情况下。因为如果在诚实与他的利益相悖的反事实情况下,他就不会做正确的事情,他在符合他的利益时做正确的事情这一事实看起来好像只是环境和他(多重因素决定的)动机偶然一致的结果。如果这是正确的,那么照此理解,多重因素决定的行动缺乏道德价值。

如果我们在更强的意义上理解义务动机的充分性,也就是说,将它理解为充分的意味着即使有一些反对的倾向存在,行动者也会做正确的事情,如此一来这个问题就可以避免了。然而,这种解释的问题在于它太强了,即要求过高。正如赫尔曼所说:

> 如果一个行为的表现不取决于环境的偶然性，那么赋予其道德价值似乎是合理的，但允许在不同环境下无法做出相应的行动并不要求否认最初的表现的道德价值，这似乎也同样合理。[36]

令人担忧的是，这种对义务动机的充分性的解释不仅给多重因素决定的行动带来了问题，还给那些仅仅出于义务的行动造成了麻烦。认为义务的动机对行动者做 Φ 来说是充分的，除了仅仅出于义务而做 Φ 之外，他不再需要什么，这可能是很合理的。但是，如果我们根据强的解释来理解义务动机的充分性，就需要比这更多的东西：如果存在某种相反的倾向，行动者仍然会做正确的事情。这一点若得到认可，我们将不得不允许：虽然行动者仅仅出于义务而做 Φ，但义务的动机并不足以让她做 Φ。如果她真的由于某种原因有某种强烈的不愿意去做 Φ 的倾向而没有做 Φ，那这就不充分了。例如，假设康德所说的店主仅仅出于义务而诚实，但如果诚实会导致他的毁灭，他就不会这样做。根据对充分性的强解释，我们不得不说，尽管他仅仅出于义务而诚实，但义务的动机不可能是充分的，因为如果诚实行为会毁了他，他就不会这样做。这一点正确的话，许多仅仅出于义务的行动就会变得缺乏道德价值，这显然不是康德的观点。康德所要求的只是，在没有任何配合的倾向的情况下，义务的动机在弱的意义上是充分的，即它本身就会促使行动的进行。但是，正如我们所看到的，如果义务的动机只在这种弱的意义上是充分的，那么，当多重因素决定的行动是道德上正确的行动时，它之所以如此是因为环境与行动者的动机仅仅是偶然一致的结果，因此缺乏道德价值。

看起来，仅仅出于义务的行动会面临这种两难境地，但我不认为真是如此。在多重因素决定的情况下，引起矛盾的是将倾向作为一种动机。正是因为在这样的情况下，倾向是一种动机，我们必须发问：当它是正确的时候，它与根据它做出的行为的正确性之间有什么联系。而结论是：它是偶然的，因为在不同的情况下，倾向会提供我们做错误事情的理由。这些反事实的情况并没有让人怀疑当义务的动机是唯一的动机时，它与正确性之间非偶然的关系，因为既然倾向此时并不是动机，我们就不需要知道在不同的情况下它是否会给我们不同的理由。我们只需要知道，义务的动机是否会在做我们应该做的事与我们的利益相悖的情况下，给我们提供做正确事情的理由；而且很难说它怎么会做不到。重要的是这种动机在这种情况下会给我们什么样的理由，而不是我们是否会不顾代价，成功地做正确的事情。

赫尔曼的论证在她对出于义务而行动的理解上是有说服力的。但根据她的理解，当且仅当义务是一个人的唯一主要动机时，一个行动才有道德价值，[37] 也即一个人做正确的事情，只是因为它是正确的。只有在那时，行动的正确性才会与做这件事的动机非偶然地相关（当这个行为是正确的）。我在第一章中论证了我们必须拒绝这种对出于义务而行动的理解，因为它不符合对称性论题。因此，我需要看看赫尔曼反对多重因素决定的行动的道德价值的论证是否适用于我对出于义务而行动的理解。

根据我的理解，仅仅出于义务而做 Φ 是指出于主要的动机做 Φ，这些动机与一个人应当做 Φ 的规范性理由相同，并且这个人没有其他的主要动机，而对道德无条件的承诺是一个次级动机。某人在判断

自己应当做 Φ 的时候，认为自己有充分的理由做 Φ，就是把道德理由看作是无条件的。将道德理由视为无条件的，就是将道德考量视为内在能给予理由的东西。如果一个人仅仅认为它给予的理由需要基于其他条件，比如说，它们促进了一个人的利益，或者满足了一个人的某些欲望，那他就不会把道德理由视为无条件的。

尽管在次级层面可能存在多重决定，但它与一个人的行为的道德价值问题无关。相关的是一个人的主要动机的多重决定。对于一个行动来说，在主要层面上的多重决定是指：（a）主要动机除了规范性的理由外，也就是为什么应当做这个行动，还包括倾向的理由；（b）道德上的主要动机本身就足以激发行动（在没有配合的倾向的情况下）；以及（c）倾向性的主要动机本身就足以激发行动（在没有对行动的道德地位做出任何判断的情况下）。

在考虑如此理解多重因素决定的行动的价值时，我们需要关注，什么使得（我所认为的）我应当做 Φ 的规范性理由在多重因素决定的行动中是充分的。在这一点上，赫尔曼的辩证法就像它在日常的出于义务而行动这一概念中的作用一样。如果我们认为这些理由是充分的，即它们会在没有倾向理由的情况下促使我去做 Φ，那就留下了一种可能性，即在存在着对做 Φ 强烈厌恶的情况下，我不会去做 Φ。这意味着，整个多重因素决定的动机结构只是偶然地与由此所做出的行动的正确性相关。我们可以通过对道德理由的充分性提出更强意义的解释来避免——在这种情况下，即使存在一些反对的倾向，我们也可以将其理解为对行动而言是充分的。但这有一个不合理的含义，就是使得我此时此刻的行动的道德价值取决于我在非常不同的情况下会如何行动。这是不合理的，因为如果我们仅仅使用义务动机的充分性的单一概念，我们就必须把这个标准应用于我们仅仅出于义务而行动的情况。但这有一个不合理的含义，即我们仅仅因为义务而被激发去做我们认为正确的事情，并不足以使这一动机成为这一行为的充分原因；这就好比说，仅仅因为 A 是 B 的唯一原因，并不足以使 A 成为 B 的充分原因（因为在其他一些情况下 A 可能不会引起 B）。这意味着，在多重因素决定的行动中，我们必须使用较弱意义上的义务动机的充分性；但在这一层面上，一个人行为的正确性与由此所做出的多重因素决定的动机结构的关系将只是偶然的。因此，这种多重因素决定的行动没有道德价值。

## 不完全的义务

本章的末了，我想简要地考虑一下属于不完全的义务的行为的道德价值。不完全的义务之所以带来了困难，是因为属于不完全的义务的行为并不是道德上的要求。道德上要求的是我们采取某些准则[38]——仁慈和自我完善的准则。既然属于这些原则的行动不是道德要求的，人们就不可能有意地出于义务而履行这些行为，因为一个人不能出于他认为道德上要求如此行动的规范性理由，有意地去做不是道德要求的行动。但是，如果这种行为不是出于义务的，它们就不可能有道德价值，[39] 因为在康德看来，只有出于义务的行为才能有道德价值。[40] 康德并没有得出这个结论，但他在《德性论》中所说的内容确实使他相信，仁慈的行为不可能有道德价值。

仁慈的行为不能具有道德价值并不是康德在《奠基》中持有的观点。在这本书中，他很清楚地指出，仁慈的行为可以是道德上的要求，因此可以是出于义务的行动；这似乎是更合理的观点。当仁慈的行为是出于道德上好的动机时，它们似乎是道德上的正确的行为的典范，而康德似乎只有在他坚持特定的仁慈行为是道德上要求的情况下才能接受这一点，而这正是他在《德性论》中所否认的。

那么，为什么我们应该同意康德的观点，即个别仁慈的行为在道德上并不是必需的？他在《德性论》中承诺了这一观点，因为他在此处认为，不完全的义务只要求我们采取某些准则或原则。[41] 但这只是提出了一个进一步的问题：为什么我们应该认为不完全的义务只要求我们这样做。康德没有明确地回答这个问题，但他的理由似乎与这样的想法有关：在不完全的义务方面存在着自由度，而在完全的义务方面则没有（或至少较少[42]）。

但是，在不认可这种观点的情况下，也可以兼顾这种自由度，即我们所要做的就是采用仁慈原则。人们可能会认为，在许多情况下，如果我们能够帮助别人，而周围又没有其他人，就不存在我们做某个单一具体行为的要求；因为我们通常会用非常不同的方式来帮助别人。考虑这样一种情况：我可以通过"做Φ"或"做Ψ"来帮助A，但不能同时进行。在这种情况下，没有一个行为是我必须做的，即我不做就是做错了。其原因似乎是，在这种情况下，我们有一个具有析取内容的绝对要求。在这里，道德上要求我做的是，要么做Φ，要么做Ψ。因此，如果我做了Φ或做了Ψ，我就做了我应该做的事。但是，尽管我已经做了我应该做的事，如果我做了Φ，这里的情形却并不是"做

Φ"是道德上的要求。如果是这样的话,我做了Ψ就会变成我没有做我应该做的事。但正如我所描述的情况,如果我做了Ψ,我就将做了我应该做的事。因为道德上要求的既不是做Φ,又不是做Ψ,也不是同时履行这两种行为;而是,我要么做Φ,要么做Ψ。我们可以通过在义务的内容中加入析取的内容,来满足我们想要的自由度,这些义务是我们有自由度去选择的选项。在这种情况下,自由度可以被满足,而不需要求助于我们只被要求接受仁慈的原则这种观点。因为如果我被要求的是,要么做Φ,要么做Ψ,我就有余地选择做Φ还是做Ψ。

为什么偏向用这种容纳自由度的方式,而不是康德在《德性论》中所采取的方式?主要原因是,它允许具体的仁慈的行为具有道德价值,即使我们所做的具体类型行动既不是道德要求的,又没有被认为是道德要求的。因为我可能正确地相信,在这种情况下我应该做Φ还是做Ψ,并且从我所认为的规范性理由来看,即我应当做Φ还是做Ψ(连同适当的次级动机),我选择了做Φ。或者,由于"做Φ"和"做Ψ"只是帮助他人的明确方式,我可能会正确地相信,在这种情况下我应该做Φ还是做Ψ,并且出于我认为我应当帮助别人的规范性理由,我选择了做Φ。我看不出有什么理由不能把这种行为描述为仅仅出于义务,即使道德上没有要求"做Φ"的行为。如果这是对的,那么我们就可以允许康德坚持仁慈的行为可以是道德上善的,同时容纳自由度。因为通过允许义务具有析取的内容,我们可以允许非道德义务的个别行为是仅仅出于义务而得到履行的,甚至在没有"我们应该做什么"或者"为什么应该如此行动"的错误信念的情况下,我们也可以履行该行为。[43]

当然，有时会出现这样的情况：我只能以一种方式来帮助他人。在这种情况下，我们不能主张义务所要求的是析取的行动，因此不能以这种方式容纳自由度。但我不认为这产生了任何特殊的问题。因为如果我是周围唯一可以帮助对方的人，而且只有一种方式可以提供帮助，那么我会想说我没有自由度——具体的行动是道德上要求的，如果我没有做，我就没有做我应该做的。

## 结　论

在这一章中，我试图为康德的主张辩护：只有完全出于义务的行为才有道德价值。康德之所以坚持这种强的观点，是因为他认为，道德上好的行为的价值来自履行这些行为的动机的道德价值，而一个有道德价值的动机是：(a) 当它是正确的时候，与根据它所做的行为的正确性非偶然地相关；以及 (b) 受到对称性论题的约束。接受了这两个约束就会发现，没有任何倾向可以构成道德上的良好动机，而康德的争议性观点就会得到确证。它们不但解释了康德的观点，而且表明，尽管道德上好的动机和正确的行动是不同的，前者并不独立于后者，这一点并不令人惊讶；但反过来说，却是错误的。尽管许多人把正确行为的正确性取决于实施该行为的动机的善的观点归于康德，但康德显然认为，一个行为可以符合义务而不是出于义务，故一个行为可以是正确的而不是道德上善的。因此，康德关于任何倾向都不可能有道德价值的观点并不是源于他对倾向的蔑视，而是源于对动机在道德上是如何成为善的核心解释。

# 7

# 建构主义，自主性和边界约束

## 导 论

在我对康德的解读中，道德法则发挥着超验性和标准性的作用。在超验性作用中，它构成了道德义务可能性的根本条件。它并不告诉我们为什么应当以某种方式行动，而只是告诉我们，我们有义务以某种方式行动何以可能。义务之所以需要解释，是因为在某些情况下体验到某些行为是义务性的，就是体验到它在那种情况下是实践上必要的。这种必要性的解释不能通过意志的对象或任何因果律，而必须通过意志本身的一个形式性原则。这个形式性原则需要某些中间原则，以便可以将一个具体的行动归于它，但也最好不要认为这些中间原则是我们在道德上被要求做出相关行动的规范性理由，它们只是这个行动道德上被要求的条件。因此，道德法则并不构成我们应当做出某些行动的规范性理由。

道德法则在其标准性的作用中，既没有告诉我们在某些特定情况下我们必须做什么，也没有告诉我们为什么在这些情况下我们应当做出这种行为。它所做的只是告诉我们，我们的行为是否属于可允许的准则。但是，一个行为可能属于可允许的准则，却不是我们在某些特定情况下应当履行的。诚实的行为属于可允许的准则，但在我是唯一可以帮助处于困境中的人的情况下，我不会仅仅因为诚实就做了我应该做的事。此外，绝对命令也没有告诉我们为什么我们应该以某种方式行动。我应该遵守我的承诺，或者帮助某人，并不是因为这些行为的准则可以被意愿而不产生矛盾。我遵守承诺或帮助某人的义务不是由关于我的准则的事实产生的，而是由情境的本质中某些具体事实产生的，比如我做出承诺，或者某人需要帮助。正是这些具体的事实构成了具体义务的基础。绝对命令的检验所做的是提供一个标准，我们可以据此评估我们的道德判断。我的意思是，它为我们提供了一个理由来相信我们裁决性的道德判断是正确的，换句话说，它为我们提供了一个相信我们应当以某种方式行动的理由。即使它没有给我们以这些方式行事的理由，它也能做到这一点，因为相信我们应当做 Φ 的理由远比我们应当做 Φ 的理由丰富得多，而在标准性的角色上，道德法则只为我们提供了一个相信我们应该做 Φ 的理由。

无论是道德法则还是绝对命令的检验，都没有为我们提供应该做某事的理由。但是考虑到对称性论题，我们需要对规范性的道德理由做出一些解释，以填补康德对道德价值的解释的细节。然而，一旦道德法则被理解为具有纯粹的超验性和标准性的作用，康德的理论中不再留有告诉我们为什么应当履行某些行为的余地。因此，我们需要一些其他的规范性道德理由的理论来填补他对道德价值的说明中的空白。我在第五章提出罗斯关于显见义务的论述可以用来填补这一空白。这在将显见义务认作裁决性的道德原则时就行不通了,因为这种原则告诉我们,一般来说,我们应当做什么,而不是为什么我们应当如此行动;但我论证了这不是罗斯对它们的理解。相反,他认为它们是我所说的证据性道德原则,或者更好的是,道德重要性原则。这些原则没有告诉我们应该做什么,而是说明了哪些考量对于确定我们应该做什么是重要的,以及它们如何变得重要。这只是它们是规范性道德理由的原则的另一种说法,也就是说,它们是指明哪些具体的考量给了我们行动的道德理由的原则。鉴于一个道德上的好人在出于义务而行动时,会从主要动机出发做(她相信)她应该做的事,而这些动机的内容(是她相信)她应该履行该行为的规范性理由,她会在主要层面上被这些原则所规定的具体考虑激发去采取她应该采取的行动。

这种对道德法则和道德价值的理解,在许多人看来,可能与康德道德理论的某些核心方面不相容。在这一章中,我将为自己的解释辩护,以免受到三种指控:第一,它与康德的建构主义不相容;第二,它与康德关于自主性的论述不相容;第三,它与康德坚持的绝对边界约束不相容。我的解释与康德的建构主义以及他对道德和自主性相互蕴含的观点是相容的——我将跟随阿利森,[1] 称之为"互惠性论题"。针对第三种批评,我将论证,尽管罗斯的显见义务理论可以通过修正以匹配康德对绝对边界约束的坚持,但如果在没有绝对边界约束的情况下仍保持严格性,康德对道德价值的解释更加合理。

## 康德的建构主义

我所提供的对道德价值的解释，似乎与对康德的建构主义解读不相容。根据建构主义，唯一相关的道德事实是那些与建构程序有关的事实。[2] 在与道德相关的事实中，存在规范性的道德理由，但在我的观点中，康德的建构程序（道德法则的标准性作用）根本不是规范性的道德理由。这种理由不是由绝对命令程序，而是由情境本质中具体的特定事实提供的。许多人会声称，这种对规范性理由的解释是在实在论的框架内进行的，与康德的建构主义格格不入。

解决该问题的一个方法是简单地拒绝对康德建构主义的解读。但这种回应太简单了。在康德的道德理论中，显然有些要素使得建构主义的解释极为合理。因此，仅仅说建构主义者对康德的挪用是错误的，因为他们的解释不符合我对康德的道德价值的解释，这种做法是不充分的。我们需要的是首先明确对康德的建构主义可能存在的不同理解方式，其次是看我的解释是否与其中的任何一种兼容。

正如我们将看到的，我对康德的道德价值的解释和修正是否与他的建构主义相容，取决于如何理解建构主义。那么，如何理解康德的建构主义呢？我将通过考虑如何理解一般的建构主义来回答这个问题，然后在此基础上转向康德的建构程序。不幸的是，建构主义者并没有区分理解他们学说的多重方式。然而，于我的目的而言，这样做很重要。在区分理解建构主义的不同方式时，我想做的并不是简单地列出建构主义的各种形式，而是试图挑出它们的共同点，更重要的是，考虑理解这一学说的核心要素的各种方式。

建构主义的核心是试图在各种形式的相对主义和主观主义与道德实在论之间指引一条道路。因此，其核心目标是在不诉诸道德实在论的情况下保留伦理学的客观性。[3] 从本质上讲，建构主义认为，决定我们应该做什么的道德原则是通过合埋选择的方式确立的，而合埋选择就是我们在执行某项程序时会选择的东西。不同的建构主义者提供了不同的程序，[4] 但使他们成为建构主义者的原因是，对实践问题的回答要以某种方式由一套特定的建构程序来决定。

建构主义者应该明确一个问题——他们的主张的本质，即伦理或正义的基本原则由执行相关程序的行动者所选择或同意的东西决定。他们可以被理解为主张，一个原则之所以是正确的和它是通过相关程序构建的是同一回事。根据对建构主义的这种理解，我们应当采取某系列原则的事实与行动者通过恰当的程序选择这些原则的事实是一致的。让我们称其为"还原性的建构主义"。还原性建构主义者可能是分析的，也可能是非分析的。如果他们是分析性的还原性建构主义者，那么他们就会主张，当我们说我们应当履行某些行为或采取某种原则时，我们的意思是，这种行为或原则会被执行相关程序的行动者所选择。非分析的还原性建构主义者否认，当我们说我们应当以某种方式行动或采取某种原则时，这就是我们所表达的意思，但他们仍然坚持认为，作为我们应当采取的原则的属性和作为我们在执行相关程序时会选择的原则的属性是一样的。

然而，建构主义并不一定要是还原的。他们可以搁置"实践原则是必要的或者合法的"是什么这一问题，只主张我们应当按照这些原则行动，因为有些原则是执行特定程序的行动者所选择的。现在，让我们将其称为"辩护性的建构主义"。在这种观点中,我们不把建构程序理解为告诉我们什么是"我们被要求以某种方式行动"的,而是我们为什么应该如此行动。

辩护性的建构主义可以采取两种形式。它可以被理解为表达这样一种观点:建构程序给了我们理由去以某种方式行动或采取某种原则,或者给了我们理由去相信我们应当以某种方式行动或采取某种原则。这种区分只是第四章对绝对命令检验的辩护性和标准性概念的区分的应用,因此我将在此保留"辩护性的建构主义"这一术语,用以表达"建构程序给了我们以某种方式行动的理由"这种观点;并使用"标准性的建构主义"来表示"建构程序给了我们相信我们应该以某种方式行动的理由"。

许多建构主义者提出的各种主张经常使他们看起来像还原性建构主义者。[5]但我认为,这种建构主义并不是该理论可以采取的最佳形式。作为一种分析性的主张,还原性建构主义是非常不合理的。我们应当采取某些原则,是因为,比如说,这些原则会为处于原初状态的行动者所选择,这种说法可能是真的,但如果是真的,它就是一个重要的、实质性的真理,而不是一个分析性的真理。当然,分析性真理不需要一目了然,但这不是问题的关键。如果这就是我们在说某人应当采取某种原则时的意思,那么该分析一旦被提出,我们就应该认识到它是什么。这可能需要仔细的反思,但我认为,那些否认这就是它们的意思的人,并非都未能足够仔细地反思当他们认为应当履行某些行为时,他们相信的是什么。他们之间的分歧,不是由没有理解他们在说什么导致的,而是关于某些属性的本质、对我们应当采取的原则的主张的辩护，或者对有争议的建构程序是不是道德判断的可靠标准导致的。

非分析性的还原性建构主义不容易受到上述批评，因为它不涉及关于我们在说什么的主张，而是关于世界的本质，关于"作为应当被采取的原则"这一属性的本质。但是，尽管这种形式的建构主义在这方面好于分析性的，它与建构主义的其他独特方面却并不匹配。因为建构主义者想要规避的其中一点是某种元伦理学问题，而这个问题恰好是这种形式的建构主义的构成部分。[6] 此外，建构主义者认为自己提供了一种不同于道德实在论和相对主义的立场，但还原的非分析性建构主义未能做到，因为它是道德实在论的一种。[7] 因此，如果建构主义被证明是道德实在论的一种形式，它就会失去许多独特之处。

鉴于还原性建构主义的这些困难，建构主义的最佳形式似乎是辩护性或标准性的。这些形式的建构主义似乎确实适合建构主义者对辩护的关注，尤其是对他人的辩护。[8] 建构主义者不喜欢伦理学中的实在论和相对主义的一点是，这些观点限制了道德裁决的权威。[9] 权威性在相对主义中是有限的，因为只有当某些偶然的事实成立时，道德裁决才会有效。这些事实可能是社会的或个人的。它们可能是共同的传统、宗教、文化、欲望或关切。关键是，在这些偶然的框架内产生的道德裁决，只有对那些共享了传统、宗教、关注等的人才是有效的。如果我不信奉某种宗教，我不会将它的圣典中规定了某种行动方针这一事实看作执行该行动的理由。如果我没有生活在一个自由的社会里，不认同自由的价值观，某些行为是不自由的这一事实可能不会被我看作不做出该行动的理由。

建构主义者认为，在这方面，道德实在论者并不会好于相对主义者。因为如果一个人没有"看到"某种行为具有"错误的"属性，那么对这种属性的诉求就无法帮助他们看到他们有理由不这样做。[10] 事实上，如果某种培养是对这种属性敏感的必要条件，而一个人没有接受这种教育，他可能无法发现这种属性。但是，如果建构主义的程序只是形式上的——没有提到传统、信仰或道德属性——它所提供的辩护就不会像相对主义和实在论的辩护那样在范围上受到限制。[11] 这是因为它并不涉及具体的欲望，属性或传统。

因此，建构主义的最佳形式是辩护性的建构主义或标准性的建构主义，应该按其中之一来理解康德，假使要将康德看作一位建构主义者的话。我们把他的伦理学理解为一种辩护性的建构主义，就是把绝对命令看作一种程序——为我们提供了规范性的道德理由，说明我们为什么应当按照某些更具体的道德原则来行动。根据这种观点，绝对命令的检验告诉我们为什么应当按照忠诚、仁慈、自我完善、感恩等原则行动。

倘若将康德的伦理学看作一种标准性的建构主义，那么绝对命令的检验就会被认为是一种程序——我们可以通过它来检查我们的裁决性道德判断。如果该行为所依据的原则可以被意愿为普遍法则而没有矛盾，这就使我们有理由相信，我们应当如此行动的判断是正确的。如果该行为所依据的原则不能被意愿为普遍的法则而不产生矛盾，这就使我们有理由相信，我们不应该如此行动的判断是正确的。

我对康德的伦理学的解释是否允许这两种形式的建构主义？既然我已经拒绝了道德法则的辩护性概念，我的解读与康德是这种建构主义的观点并不相容。因为在我对康德的理解中，绝对命令并没有告诉我们为什么应当以某种方式行动，而这显然与对康德辩护性的建构主义解读相矛盾。但是，由于我坚持道德法则可以作为道德判断的标准，我的解释与对康德标准性的建构主义解读相当兼容。事实上，我的解释就是一种标准性的建构主义的解释。这种形式的建构主义使我们能够满足建构主义者希望对康德的道德哲学所说的一切，只要它被解释为仅仅相信我们应当或不应当做 Φ 的理由，而不是为我们提供我们为什么应当或不应当做 Φ 的理由。一旦区分了这些不同形式的建构主义就可以看到，我对康德的道德价值理论的解读并不意味着我们必须放弃对康德的建构主义解读，必须放弃的只是某些形式的建构主义。但是，对康德的道德理论的解读和修改不能成为一种约束，即它必须兼容所有形式的建构主义。

尽管我不必抛弃康德的建构主义，但我不得不承认，在我对他的道德价值的解释中，他观点中的建构主义的方面失去了核心地位。正如我在第四章结尾处所指出的，对康德来说，绝对命令的测验的使用并未在道德上好的行动或道德上好的品格中发挥根本作用。它是一个有用的工具，但对于反思性的道德行动者来说，它最终是可有可无的。因此，尽管它能起作用是好事，但如果不能，也不会像许多人所想的那样对康德的道德价值解释造成破坏。这并不是说，道德法则在道德中没有扮演根本性的角色。因为在其超验的作用中，这一原则支撑着道德的可能性，因而也支撑着道德价值。但对道德法则的这种（超验的）理解并不是一种独特的建构主义理解。

我对康德的道德价值理论的解读意味着他的建构主义是一个有用却不是他理论的独特的方面，这一事实是否质疑了我的解释？我想，是不会的。通常认为，康德主要关心的是尝试驳斥各种形式的怀疑论：在《纯粹理性批判》中，反对那些否认我们可以拥有对外部世界知识的人，而在《奠基》和《实践理性批判》中，反对那些要求有理由去履行道德要求的道德怀疑论者。现在，若再说康德在第一和第二批判中对解决这些怀疑论漠不关心，就是毫无道理的。但我认为，将这种关注视为他的批判工作的中心目标也是错误的。在《纯粹理性批判》中，康德的主要关注点不是为我们提供相信因果关系和外部世界的理由，而是说明这种知识何以可能；在《奠基》和《实践理性批判》中，他的主要关注点不是为每个人提供做他们应该做的事情的理由——好像他们以前不知为何缺乏这种理由[12]——而是说明道德何以可能。康德在这些领域的独特之处在于说明这些信念何以可能成为正确的，而非为我们的某些重要的信念提供辩护。他最关心的不是辩护，而是知识和道德的超验基础。正是这一点使康德独树一帜、别出心裁。他不是简单地用新瓶装旧酒，"我们如何能有客观的知识？"或"我们为什么要有道德？"，而是盛入新酒，"客观知识如何可能？"和"道德如何可能？"。康德哲学的独特之处正是在于他品尝了新的琼浆，而非反复咀嚼鸡肋（那些令人厌倦的怀疑论的陈腔滥调），而我正试图用道德法则的超验性概念来把握这种独特的方法。

他对这些"新酒"的回答确实回应了怀疑论者的担忧。首先，如果我们可以有客观的知识，而且道德是可能的，那么怀疑论者就无法坚持我们不能有客观知识，或者道德不能无条件地约束我们这样强烈的论点。在认识论中，怀疑论者会被迫采取更弱的主张，即我们可能没有客观知识，但那时他的担忧会失去很多紧迫性和重要性。同样，如果道德可以是无条件的约束，怀疑论者只能说，就我们所知，它可能不是无条件的约束。但是，这种担心又一次失去了它的大部分攻击力。

这并不是说康德不关心辩护；他并非如此。我所主张的只是，这并不是他的哲学的核心。它的核心在于，表明客观知识和道德是可能的。如果这是正确的，那么对他的伦理学理论来说，重要的是道德法则的超验性作用。道德法则在其标准性的角色中可能是一个有用的建构工具——检验我们自己和他人的道德裁决，但我认为它不是康德对道德价值解释的核心。

## 自主性

关于我对康德道德价值理论的解释，第二个可能的反对意见与康德所认为的道德与自主性之间的联系有关。这种担忧与我拒绝道德法则的辩护性概念有关，也与我用来填补康德的道德价值理论遗留的空白的规范性理由的替代性解释有关，这一空白是用上述方式处理道德法则时留下的。因为可以论证，只有当道德法则是义务的基础时，我们再做我们应该做的事，意志才会只受它自身原则的约束。这是因为正是这个原则使义务性行为具有了实践上的必要性，即对意志具有了约束力。另一方面，如果是情境本质中的某些具体事实最终（在"最终"的辩护性意义上）使行为具有义务性，那么，意志将不受它自身原则的束缚，而是被外部世界的事实约束。如果意志只受其自身原则的约束，那么它就是自主的。如果它受到关于外部世界的事实的约束，它就受到某种外部的制约，那么就是他律的。我想说的是，我们应当以某种方式行动的规范性道德理由是关于世界的具体事实，而不是道德法则，因此，我对康德的道德价值理论的修正解释似乎与他关于道德与自主性关系的观点不相容。

明确指出什么是康德所理解的自主地行动，并将其与自发的（消极的自由）行动区分开来，有助于解决这个问题。[13] 注意到这些不同的自由概念与什么形成对立也是有用的。因为一旦澄清了康德自主行动的概念，我们就能看到，我们不需要道德法则的辩护性概念来把握互惠性论题；所需要的只是超验性概念。那么，康德是如何理解自发性和自主性的呢？

自发性是指意志所具有的"能够独立于外部原因的决定而运转"的属性。[14] 只有当各种动机并不导致（决定）我们的行动，在被整合入我们的准则或行动的主观原则才触发行动时，这才有可能。由于我们不是只有准则，而是把某些考量作为我们的准则，[15] 所以自发性是基于自我设定的原则决定自己行动的能力。这意味着，某些考量只有被看作提供了行动的良好理由才能导致行动，而认为这些考量提供了良好的理由就是把它们归入自由选择的准则。准则是自由选择的，并不是说它们是随机采取的。相反，它否认我们因性格特征、倾向或环境而采取这些准则，并坚持我们采用它们是因为我们认为它们是合法的。因此，认为我们是消极自由的，就是认为我们不受制于自然的因果律，而受制于理由的规范秩序。认为我们自己是消极不自由的，就是认为我们只受制于自然因果律。

自主性，或积极的自由，是"意志具有的成为自身法则的属性（独立于属于意志对象的任一属性）"，[16]并与他律形成对比。在他律中，这被理解为意志的对象因其与意志的关系而赋予意志以法则。[17]意志成为自身法则意味着什么？最自然的理解方式是，意志有能力根据自我设定的原则行动。但这不可能是正确的，因为那样的话，自主性的概念与自发性的概念就没有区别了。因此，康德必须以一种限制更多的方式来理解（意志）对自身而言是一种法则。根据这个限制更多的理解，如果意志不仅基于自我设定的原则（自发性）行动，还基于"独立于属于意志对象的任一属性"的自我设定的原则行动，那么意志就是对自己的法则。[18]这意味着，只有当我们认可的良好理由不是基于我们的欲望或需要时，我们才行使了自主性。如果我们因某些考量会满足某些欲望而把它当作赋予我们行动的理由，那么我们行使了我们的自发性（我们不会因该欲望而如此行动），却没有行使自主性。即使我们已经根据一个自我设定的原则行动，但并没有行使我们的自主性，因为这种考量只在它能与意志的对象相关时才被视为给予了理由。因此，我们据以行动的自我设定的法则并不独立于属于意志对象的任一属性，意志不会在那种特定的意义上成为自身的法则。

康德认为，由于行动者在行使其自主性时，考量并不从行动者的准则的对象或内容中获得其作为理由的地位，而只能从行动者准则的法则形式中获得其给予理由的力量。因此，他把意志作为自身的法则等同于"除了能将其对象本身同时作为普遍法则的准则之外，没有其他准则的行动原则"，而这正是普遍法则公式。正是出于这个原因，康德坚持认为道德地行动和自主地行动是同一回事。[19]

许多人认为对这种等同的论证没有说服力。我在这里无意回应康德的批评者,为他的主张"道德地行动和自主地行动是同一的,或者至少是相互蕴含的"辩护。因为无论康德能否为这种等同给出有力的论证,显然,互惠性论题都是他的道德理论的核心。我意在表明,我对他的道德价值解释的理解和修正与他的道德理论的这一关键方面一致。

造成这一问题的原因在于我主张应该按照超验性概念,而非辩护性概念来理解道德法则。某种行为所依据的原则的法则性本质并不给予我做出这种行为的规范性理由,而是某种考量成为道德理由的可能性的条件,即它能够产生一种绝对命令。我们应当以某种方式行动的理由由情境本质中的具体考量提供,例如有人需要帮助的事实,或者我已经做出了承诺的事实。因为这些考量是我们应当采取行动的规范性理由,它们是道德行动者的(主要)动机性理由,对称性论题指出,(在有利的条件下)道德上好的行动者会出于他们应当如此行动的道德理由做他们应该做的事。

这是否意味着,按照康德的理解,道德上好的行动者会他律地行动?我看不出为何会如此。因为对康德来说,他律地行动是指行动者将考量作为理由,只有当它们与行动者偶然具有的欲望或需要联系起来时才是如此。但是,我关于规范性的道德理由和道德动机的说法都没有表明这一点。我的观点是,促使好人采取行动的——他们认为是行动好的理由——不是他们做这个或那个的倾向,而是类似于他人的需求、他们所做的承诺等东西。此外,这些具体的考量被视为理由,并不是因为它们满足了某些偶然的欲望或需要,而是因为它们被归入了道德重要性的原则,而这些原则又被归入了道德法则。某些具体的考量被视为具有特殊的给予理由的力量——只能被视为具有这种给予理由的力量——因为行动者将它们归于道德法则之下。这里的"因为"不是辩护性的"因为",而是超验性的"因为",但这对于一个人的行为是不是他律的毫无影响。重要的只是,被视为给予理由的考量是否仅仅因为它们以某种方式与行动者偶然的欲望相关而被如此看待。我对道德价值的解释并不蕴含这一点,所以它并不构成对道德价值的他律的解释——康德有时会认为这是一个矛盾体。

然而,令人担忧的是,我的论述似乎仍然没有构成对道德价值自主的解释。因为尽管我的解释意味着一个好人在为她的行为辩护时不会诉诸任何偶然的欲望或需要,但她也不会诉诸道德法则或绝对命令。这是因为在我对康德的道德价值解释的解读中,道德法则并不作为一种规范性的道德理由发挥作用。然而,如果要坚持康德的主张,即自主地行动与道德地行动是一回事,那么道德法则似乎必须作为一个好人的行动的最终辩护。如果没有任何欲望或需要可以为自主的行动提供终极理由,那么问题来了,什么可以提供?康德的答案似乎是"道德法则"。正是出于这个原因,他认为道德和自主性是同一的。但是,如果道德法则是履行我们应该履行的行为的终极理由,那么,鉴于对称性论题,它就是一个好的行动者的主要动机之一——我已经否定了这一点。

但是,鉴于前文所述,如果我对康德的道德价值的解释与他的自主性理论不相容,那就会变得很奇怪。因为这意味着,按照我的理解,一个出于义务而行动的人,既不是他律地行动着(因为促使行动者行动的考量不止因为它们满足了行动者的某些欲望而被视为理由),也不是自主地行动着。这表明康德的他律、自主性或这二者的概念都过于狭隘，或者说，存在着第三种选择。然而，我并不认为我们必须把康德对自主性和他律的解释看作是如此狭隘的。就康德所理解的自主性而言，重要的是被视为某些考量所具有的给予理由的力量，并不来自某种偶然的欲望或需要，而来自道德法则。换句话说，规范性应该源于道德法则，而非某种欲望或需要。我们很容易认为必须通过寻找进一步的辩护性的理由来追寻一些被认为具有规范性考量的来源。但规范性不需要沿着这条路线被追溯。它可以沿着超验性而不是辩护性的路线回溯，而且，正如我们所看到的，这些路线不需要覆盖相同的范围。如果我主张的会激发好人行动的那种具体考量，只有在被视为引起了道德义务时，才能获得它们被认为具有的独特的规范性力量，这是因为它们被归入了绝对普遍的道德重要性原则（显见义务），而这些原则又必须归入道德法则，那么这些考量所具有的独特的规范性形式最终将来自道德法则，即使道德法则不是我们应当履行有关行为的最终原因。当这些考量出现在道德上良好的动机中时，它们被认为具有的权威性必须追溯到道德法则。既然当且仅当做出这些行动的理由的规范性力量可以追溯到道德法则时行动才是自主的，那么，按照我对一个人出于义务而行动的理解，他也可以被理解为自主地行动。这种想法——某些考量给予理由的地位只能沿着一系列越来越抽象的辩护性理由追溯到道德法则——使它看起来不一样。一旦我们放弃这种观点，并认识到给予理由的地位可以沿着一系列超验条件追溯，我们就可以看到，道德法则作为超验条件，而不是我们应当以某种方式行动的辩护性理由发挥作用，这一事实与康德的互惠性论题相当一致。

## 绝对边界约束

关于我对康德和道德价值的解释，第三种反对意见集中在使用罗斯的显见义务理论来填补康德关于道德价值的解释中因拒绝道德法则的辩护性概念而留下的漏洞。康德道德理论一个与众不同的方面是包含了绝对边界约束。他明确认为，某些促成良好结果的方式总是被排除在外。例如，如果我们只能通过说谎话来帮助某人，那就不能帮到他。[20] 但是，罗斯的显见义务没有为绝对边界约束的想法留下空间。根据这一理论，任何考量都可以凌驾于任何其他考虑之上。因此，对仁慈的考量可凌驾于对忠诚或真诚的考量之上。在这方面，罗斯的理论似乎与康德的观点不相容，那么似乎可以论证，该理论不能用来补充康德对道德价值的解释。

为了回应这一反对意见，首先要说明的是，尽管罗斯认为归属于某一原则的考量可以被属于任何其他原则的考量所推翻，但他并不认为所有的道德考量都是同等重要的。例如，他显然认为非邪恶、[21] 忠诚 [22] 和感激 [23] 的原则比仁慈的原则更严格。鉴于这种严格性并不意味着对忠诚的考量总会打败对仁慈的考虑，因此很难厘清"更严格"的含义。我们可以把对忠诚的考量说成比对仁慈的考虑更有分量，但很难解读这个隐喻；但我们至少可以说，如果对忠诚的考量比对仁慈的考虑更重要，那么违背承诺会使我们稍稍改善另一个人的状况，相较其原先状态，这一事实不能推翻我们的承诺所带来的实践理由。这些考虑想要推翻对忠诚的考量，那么对他人的益处必须是相当可观的，尽管我怀疑我们能否以任何有用的方式清楚地说明它们必须多么可观。我们只能说，相较对仁慈的考量，对忠诚、非邪恶和感激的考量给了我们更强大或更有说服力的道德理由，尽管它们还没有强大到，或者有说服力到在与仁慈的冲突中总会胜出。因此，罗斯的显见义务理论中的严格性存在着等级。

但这一理论允许某些考量比其他考虑更重要的事实，仍然没有满足康德的观点，即某些考量总能在与其他考虑的冲突中胜出。康德认为真诚性的考量比仁慈性的考虑更严格，不仅仅只是对前者的考量比对后者的具有更重要的规范性。他还认为，它们更严格的地方在于，它们总在冲突中胜出。[24] 正是这一点，罗斯的显见义务理论似乎无法匹配。但是，尽管罗斯不相信绝对边界约束，但在显见义务理论中，没有任何东西可以阻止考量在很强的意义上是严格的，也就是它们本质上是压倒性的。我不清楚为什么我们不能认为忠诚的显见义务是这样的：当冲突发生时，它们总是凌驾于仁慈之上。如果这是正确的，那么我们可以简单地修改罗斯的显见义务理论，以适应康德对绝对边界约束的坚持。

有人可能会认为，这样做我们便无法继续持有显见义务理论，这个理论的特点就在于，没有哪个原则可以说总是凌驾于任何其他原则之上，因而一切原则都可以被任何其他原则压倒。正如我所指出的，这当然是罗斯的显见义务理论的一部分，但我认为这对该理论本身而言并非本质性的。该理论的独特之处在于，它所构成的原则并不是裁决性道德考量，而是证据性道德考量。这些原则告诉我们的不是应当或不应当做什么，而是何为决定我们应该或不应该做的重要因素，换言之，它们构成了规范性道德理由的理论。根据这一观点，决定我们应该做什么的重要因素不是某些说明我们应该做相关类型的行为的原则——那没有信息含量——而是属于重要性原则的具体考量。重要的是事实，我做出了承诺，或者我可以让别人过得更好，或者回报他人的服务，等等。这些具体的事实不会给我们带来道德上的理由，除非它们属于道德重要性的原则，但这些原则并不赋予我们以某种方式行动的进一步的理由。相反，像道德法则一样，它们作为这些具体事实成为我们的道德理由的超验条件而发挥作用。如果这样理解显见义务理论——作为规范性道德理由的原则的理论，而不是裁决性道德考量的原则——那么与该理论相容的观点就是，一些具体的考量是这样的：它们在道德冲突中总是胜出。如果这是正确的，那么我们就可以在用来补充康德道德价值理论的显见义务理论中捕捉到康德的绝对主义。

尽管我们可以在显见义务的理论中容纳康德对绝对边界约束的坚持，但我认为我们不应该这样做。和许多人一样，我认为至少一些绝对边界约束，比如真诚性，[25] 极度不合理。在伦理学中，我们很少有确定的东西，但如果没有特殊情况，我认为我们可以确定，康德相信对询问目标受害者下落的谋杀犯撒谎不对这一观点有误。

但并不是所有的边界约束都如此不合理。人们可能会认为，尽管有时撒谎是对的，但杀死无辜的人永远是错的。当然，捍卫这个边界约束的人必须明确什么是无辜的，不过即使明确了这一点，我认为，如果我们把它看作是绝对的——不可推翻的——那么这个边界约束仍然是不合理的。当然，无辜者的生命是最重要的道德考量之一，除了最极端的情况外，夺取无辜者的生命都是错误的，即使它是产生某种巨大利益的唯一途径。但是，那些认为这种考量构成了一个绝对边界约束的人则进一步主张,没有任何情况可以使我们应当夺走一个无辜者的生命。这一点在我看来是不合理的。经过反思,我认为大多数人都会同意,在某些可能的情况下,只有通过杀死一个无辜的人才能得到的好处,或者避免的邪恶如此之大,以至于可以倾覆无辜者的生命价值所带来的反对这一行动的理由。我们可能不同意什么能充分地压倒这种严格的道德考量,但我认为大多数人都会同意,在某些时候,另一方面的考虑可以使杀人成为正确的事情,特别是如果被杀的人英雄般地同意我们应该这样做,并要求我们这样做。

当然,这并不是说,如果我们应当杀死一个无辜的人,我们就不应该感到内疚。我们应该感到内疚的原因不是我们做错了,而是我们认识到,这种道德考量即使被颠覆,也不会失去它的权重。颠覆并不是消灭,而只是压倒,一些东西不会因为道德天平的另一端有更具分量的东西而失去自身的道德分量。[26]

杀死一个无辜的人总是错误的,这种想法不仅不合理,还缺乏普遍法则公式以及目的自身公式的支持。如果我想检验我的判断,即为了拯救许多其他的无辜者而杀死一个无辜的人有时是正确的,我得自问我的准则是否可以被意愿为普遍的法则而不产生矛盾。我们完全可以设想一个可能的世界,在这个世界里,每个人都有"杀死一个无辜者以拯救许多其他人"的准则。它不需要是一个人人都去杀害无辜者的世界,因为与这个准则相关的情况并不是很多。如果这个可能的世界除了每个人都有这样的准则外,和实际的世界一样,那么我们中的绝大多数人都不会处于和这个准则相关的情境。

当我们为了拯救他人的生命而杀死一个无辜的人时,我们是否的确违反了永远不要把他人仅仅当作手段的要求？以这种方式对待一个人当然是把他当作一种手段，作为拯救他人生命的手段，但问题不在于我们是否把一个人当作实现目的的手段，而在于我们是否仅仅以这种方式对待他。那么，将他人仅仅当作一种手段对待是什么意思呢？一种理解是以他们不能同意的方式对待他们。[27] 如果我们胁迫或欺骗他人，那就是在以他们不能同意的方式对待他们，从而只是将他们作为一种手段。但如果是为了拯救其他无辜的生命而杀了他们，我们是否在以这种方式对待他们呢？我不这么认为。因为尽管某人可能不同意因更大的善而被杀害，但这是他们能够同意的事情，因此是他们能够共享的一个目的。我们不应该把他人仅仅当作手段，这一观点并没有禁止为了某些更大的善而杀害无辜的人，因此并不支持这种绝对边界约束。它确实支持胁迫和欺骗总是错误的。但胁迫和欺骗总是错误的，这种观点在我看来也并不合理。我的行为是胁迫或欺骗的，当然给予我不这么做的理由，这可能是因为这些对待他人的方式只是把他人当作手段；不合理的是，我们可以先验地知道，反对做出这些行动的考量给出的理由是，它们必须压倒我们行动的任何其他特征所提供的行动的理由。

那么，我认为，与其修改罗斯的显见义务理论为康德对绝对边界约束的坚持腾出空间，不如放弃康德对这一教条的坚持。我们的任务就变成了表明绝对命令的检验并不带来绝对边界约束——尽管康德相信绝对边界约束，但在他的理论中没有任何东西使他承诺这些约束。很多人已经做出这种尝试，并取得了不同程度的成功。[28] 我的观点是，无论这种策略能否奏效，它都是我们应该采取的策略。

应该指出的是，放弃绝对边界约束绝不是把康德变成一个后果主义者。[29] 后果主义者认为，正确的行为是总能产生最多好处的行为。人们不需要求助于绝对边界约束来否认这一点，其所需要的不过是：（a）认为良好的结果并不是决定什么是道德上正确的唯一考量，因此也不是使行为正确的唯一因素；（b）认为某些考量，如对忠诚和真诚的考量，并不会因为一个人通过违背承诺或撒谎可以使整体福利有小幅增加而自动被推翻。我希望放弃绝对边界约束的学说，但不拒绝（a）或（b）。因此，我对康德的道德价值的解释并没有把康德变成一个后果主义者。它允许这样的观点，即对忠诚和真诚的考量是内在地给人以理由的——它们独立于与一个好的结果之间的某种因果关系而给人理由——并且允许这些考量比对仁慈的考虑更严格。我所拒绝的只是一种极端的观点，即无论在什么情况下，撒谎、违背承诺、甚至杀人都是错误的。

## 总　结

我在这一章论证了，一旦我们明确了某些区别，主要是实践的理由（我们为什么应当做 Φ）和认识的理由（相信我们应当做 Φ），以及道德法则的超验性概念和辩护性概念之间的区别，我们就可以看到，我理解和发展康德的道德价值理论的方式与他的道德理论的其他关键方面是一致的。

如果康德的建构主义可以理解为我所说的"标准性建构主义"，那么它与康德的道德价值理论是相容的；因为尽管绝对命令的检验没有被理解为给予我们做出某些行为的理由，但它使我们有理由相信我们应当如此，因此可以提供一个建构性的程序来检查或拒绝我们的道德裁决。

前述已论证，我对道德价值的理解与康德道德和自主性之间存在着一种相互蕴含的关系的观点是相容的。按照我的理解，道德上的好的行动不是他律的，因为在道德上好的行动中，行动者不会仅仅因为某些具体的考量是满足某些偶然的欲望或需要的工具，而将其视为是给予理由的。当且仅当意志为自身立法时，道德行动才是自主的行动，而当且仅当其理由的规范性力量可以追溯到意志的原则——纯粹形式的道德法则时，意志才是为自身立法。一旦我们认识到这种"追溯"不需要沿着一系列越来越基本的规范性理由行进，而是可以沿着一系列越来越基本的超验性条件行进时，道德法则不是我们应当以某种方式行动的最终理由，这一事实并不意味着我们必须放弃康德道德与自主性相互蕴含的联系。

最后，我试图利用罗斯的显见义务理论，通过将其理解为规范性理由理论来发展康德的道德价值解释。但这意味着我们必须放弃康德对绝对边界约束的坚持。我论证了，处理这个问题的最好方法是尝试表明绝对命令的检验并不产生这样的约束，从而使他的一般规范理论对情境更加敏感，同时保留某些考量比其他考虑具有更多的规范权重的观点。

# 8

# 结论：绝对普遍原则和情境敏感性

## 导 论

在我所概述的关于道德价值的解释中，我热衷于为严格意义上的普遍的道德原则找到一个根本性的角色，而不承诺自己认为这些原则必须明确地或隐含地出现在善良的行动者的道德慎思中。通过这种方式，我想符合这样一种观点，即善良的行动者回应的是具体的特定的考量，例如某人有需要或处于困境，或者我已经做出承诺，而无须对原则进行思考；同时坚持严格的普遍原则在道德中具有必要的作用。康德式的假设是，好人做他们应该做的事的动机性理由与他们应该做出这些行为的规范性理由相同，如果我们假设某些具体的考量构成了特定义务的最终基础，我们就可以做到这一点。但是，我们必须拒绝道德法则的辩护性概念，转而采用罗斯的显见义务这样的理论，将其理解为规范性道德理由的理论——指明哪些具体的、特定的考量是规范性道德理由的原则。我们不应该按照辩护性概念来思考道德法则，而应该把它和属于它的显见原则看作一个行为具有义务性的超验条件。如果不把某些行动归入这些严格意义上的普遍原则，我们就无法体验到一个行动在某些情况下是必要的，因为只有把行动归于这些原则，这种体验才是可能的。因此，在康德的想法中，道德法则和显见义务原则的功能类似于因果关系和具体的自然法则。这些道德原则本身并不是我们应该以某种方式行动的道德理由，其他东西——某种具体考虑——才是成为我们应该以某种方式行动的道德理由的必要条件。因此，这样的原则在道德中具有根本性的作用，但在道德上好的行动中并不作为动机性的想法，因为它们不具有辩护性作用。好的行动者的动机性思想的内容，要么是她应当采取义务性行动的规范性理由，要么是行动者相信她应该采取行动的规范性理由。

## 拯救道德现象学

在我看来，这种对道德法则作用的解释，不仅为我们提供了对有道德价值的行为更好的解释，还为我们提供了比辩护性概念在现象学上更合理的，对道德法则作用的解释。没有人会在日常思考中从道德法则这样的东西中推导出特定的道德规则，然后得到一些具体的道德裁决。在具体的情况下，如有人需要帮助，而我可以帮助他，或者我已经做出承诺，或者我可以表示感谢，我既不需要，也通常不会从道德法则思考得出我应该帮助，或遵守承诺，或表示感谢这些具体的道德裁决。事实上，我在这种情况下获得的具体裁决似乎常常只基于特定的具体事实，比如某人需要帮助，或者我已经做出承诺，或者某人以某种方式使我受益。

为了回应这一问题，康德主义者倾向于主张，尽管我们不会有意思考道德法则，但当我们慎思的时候，这种想法还是必须作为隐含的前提出现在我们的推理中。但这一回应带来了一个问题：为什么这些前提会自我消失；一个现象学上合理的答案是，因为它们没有扮演这种角色。道德法则的超验性概念允许我们做到这一点，从而使事情成为它们通常看起来的样子。

在我看来，这似乎是康德主义者对这一批评，即他们的道德理论是抽象的，应有的回应方式。通常情况下，这种指控仅仅基于混淆或高度可疑的假设。[1]但我认为，这类反驳的背后确实有一些重要的问题，它类似于这样的观点：康德主义者通常用来描绘道德慎思的方式有一些刻意，即按照道德法则的辩护性概念来描绘。这种对道德原则作用的解释之所以刻意，是因为没有人会这样慎思，或者至多不认为我们这样做了，而且我们无法让自己相信我们应该这样做。康德主义者通常对此不屑一顾，他们认为现象学或常识对纯粹理性所能知道的东西没有权威性。这种对我们普通的、日常的理解的否定是哲学中一个长久存在的诱惑，可以追溯到柏拉图的洞穴之喻。此外，屈服于这种诱惑是一种持续的、严重的哲学恶习。因此，需要抵制这种诱惑。我认为，康德主义者屈服于这种诱惑的原因是，他们没有将道德法则和道德原则的辩护性概念与超验性概念区分开来。如果他们认识到这一区别，他们就会认识到，对于这一抽象的指控，一个完全合法的、独特的康德式的回应就是放弃道德法则和道德原则的辩护性概念，转而接受超验性概念。由于在这种情况下，道德法则和道德规则并不扮演规范性道德理由的角色，他们可以用我们习以为常、自然而然地想到的那种具体考量来填补他们道德理论中的这个空缺。因此，道德法则的超验性概念意味着，康德主义者不需要坚持认为，道德法则和道德原则看似并不存在于我们的道德慎思之中，但它们事实上确实存在。从这方面来看，他们可以允许事物只是它们看起来的样子——这是一件好事。

## 道德法则的超验性概念与特殊主义

道德原则的超验性概念相对于辩护性概念的第二个优点是，这种概念使得康德主义者能够为原则在道德理论中具有本质性作用的观点进行辩护。特殊主义者则否认这一点。按照特殊主义者的观点，道德原则在我们的道德思考中既不扮演又不需要扮演任何重要的角色，只需要在特定的具体情况下的特定考量。正是这些特定的考量，而不是道德原则，给了我们以某种方式行动的道德理由。此外，他们主张，一面是帮助处于困境的人或增进福祉这样的属性，一面是薄的道德或规范属性，如为善、被要求或行动的理由的属性，这两种属性之间没有法则性的联系。这意味着，我们不能因为某些属性在某种情况下是好的，或者是给予理由的，就断定它在每次出现时都是好的或者给予理由的。

那些希望为道德原则辩护的人通常会在这两点上与特殊主义者发生分歧。他们倾向于认为道德原则确实在我们的慎思中发挥了重要作用，尽管大部分是隐含的，而且他们会为自然和道德属性之间存在某些原则性关系进行辩护。我们已经看到，如果我们认为道德原则扮演了超验的角色，而不是辩护的角色，我们就可以向特殊主义者承认，道德法则在道德慎思中没有发挥重要的作用，甚至当它确实出现在我们的慎思中时，它可能会扭曲自己——使我们对背景和其他冲突的考量不那么敏感。我们可以承认这一点，因为我们认为道德原则在道德中的角色是超验性的，而不是辩护性的。而剩下的就是认为存在原则的伦理学家不得不与特殊主义者争论他们所否认的特定道德原则。

但这是一种相当令人不满的处理特殊主义的方式，因为最佳形式的特殊主义并不主张只通过特殊道德原则的反例来论证这种原则不存在。[2] 相反，它对道德原则的可能性有一个原则性的反驳，即摩尔（G. E. Moore）的有机整体学说。如果这个学说是正确的，就像一些特殊主义者所坚持的那样，那么在某些自然和道德属性之间就不可能存在原则性的关系；或者至少，如果有的话，那也只能是通过某种历史的偶然性实现的。因为根据这一学说，实例的某种属性出现后会具有什么价值，或者它是否会有任何价值，将取决于哪些其他属性与它一起出现。这个部分于整体而言，某些情况下可能使整体更好，其他情况下可能使之更差，而在另一些情况下可能完全不影响评价。它赋予价值的性质取决于它作为部分所在的整体的其他属性。这种整体性意味着，在自然属性的实例和道德属性的实例之间不可能存在原则性的联系。

摩尔会否认他的学说有这种含义。他认为，通过区分内在价值和贡献价值（contributive value），人们可以接受关于价值的整体主义，以及某些自然和评价属性的实例之间的原则性关系。[3] 对摩尔来说，内在价值是一种非关系性的价值形式，它完全由内在善的东西的非评价性内在本质决定。另一方面，贡献价值是一种关系形式的价值。它是某些部分赋予其所在整体的价值。某物具有贡献价值是指它与它所属整体处于一种"使其更好"的关系中。摩尔认为，有机整体学说只与贡献价值相关。它是这样一种学说：某物对整体的价值贡献有所不同，因为这种贡献是由整体的其他部分决定的。既然贡献价值不同于内在价值，那么这种观点与部分的内在价值不因环境而改变的观点是一致的。例如，快乐可能是内在的好。这意味着，无论在哪里被实现，它都是好的。但是快乐具体的实现为某种享受贡献的价值会有所不同。如果一个人以他人的福祉为乐，那么他的快乐不仅是内在的好，还是有贡献的好。这种快乐的存在使事情更上一层楼。然而，如果一个人以他人的痛苦为乐，那么，他从中获得快乐的事实将使这种享受变得更糟。一个人从别人的痛苦中获得快乐的事实，并不会弥补这一情况的特征，实际上会使事情变得更糟。尽管如此，摩尔会坚持，即使快乐的贡献价值已经改变，其内在价值仍未改变。快乐本身内在上仍然是好的，即使情况因为它的存在而变得更糟。

如果摩尔的观点是可靠的，那么整体主义似乎不会像一些特殊主义者声称的那样破坏道德原则。因为自然属性和内在价值之间仍然会有原则性的关系，尽管这些相同的自然属性和贡献价值之间不会有这样的关系。不幸的是，这种有一个"整体"的蛋糕并且吃掉它的想法不能成立，因为它把内在价值从任何给予理由的关系中切除了，因此否认了其根本性的实践本质。在这种摩尔式的图景中，我们必须行动或以某种方式做出反应的理由完全由贡献价值决定。某个事物若具有贡献价值，我们就有理由去追求它，促进它，认可它，或者欢迎它；若不具备贡献价值，我们则有理由惋惜它，废除它，谴责它，或避免它。同一事物内在上可能是好的或坏的这一事实似乎并不意味着我们有任何进一步的理由来欢迎或避免它。用我前面的例子，假设我们认为快乐是内在上好的，而当快乐是从别人的痛苦中获得时，它在贡献价值上是坏的（它使事情变得更糟）。如果内在价值和实践理由存在某种联系，那么在这种情况下，我们不得不说，这种快乐的实例在贡献价值上是坏的这一事实意味着我们有理由不赞成它，但它是内在好的这一事实意味着我们有理由欢迎它。但似乎没有任何欢迎这种快乐的理由。认为有这样的理由，就是认为行动者感到快乐的事实是该情况的一种弥补性特征，但这种想法似乎被它的存在使事情变得更糟——它在贡献上是坏的——这样的事实排除了。因此，人们只能在一个整体框架内坚持道德原则，其代价是切断了内在价值和实践理由之间的联系。我认为，这个代价太大，实在令人难以承受。既然如此，如果有机整体主义是正确的，那么自然和道德属性之间就不可能存在原则性的关系。

因此，人们不能仅仅通过捍卫特殊主义者提出反例的特殊原则来反驳他们，必须攻击造成真正破坏的学说，即有机整体学说。道德法则和道德规则的超验性的概念为我们提供了实现的途径。因为根据道德原则的这种理解，重点从道德慎思（在这一问题上特殊主义者很乐意与他们的对手进行探讨）转移到行动必须具备的实践必要性上，如果它们是道德所要求的。根据对道德法则的超验性的解释，对我们的道德经验的解释只能诉诸严格的普遍原则，而对这些原则的解释又必须诉诸普遍法则的纯粹形式原则，就是道德法则。因此，必须有严格的普遍道德原则。鉴于有机整体学说若正确就不会有严格的普遍道德原则,那么这样的原则如果存在,这个学说以及它所支持的特殊主义必定有误。

  基于这些理由,以及第四章中提到的原因,我认为思考道德法则、道德规则和特定道德义务之间关系的最佳方式是符合超验性概念的方式。这可能还不够,但至少它使伦理学中一个有趣的、未被充分探索的问题得以展现:实践必要性的本质和可能性的问题。我希望已经在本书说服读者,道德法则的超验性概念以及与之相关的对道德价值的解释不仅为我们提供了有趣的理论可能性,还形成了关于道德价值和道德原则的作用最合理的图景。

# 注　释

## 导　论

1. 这不是要否认一个行动成为应当被履行的行为与我们有充分的理由来履行该行为之间存在内在的联系，而是仅仅否认一个行为应当被履行这一事实是那些充分的理由之一。
2. 对这一区分的解释，参见第一章。
3. 也就是说，假设行动者知道相关事实，即他们的判断是正确的，他们不是意志软弱的，或者在其他方面实际上是非理性的，那么他们就能够按照这一方式行动。
4. 简洁起见，我将省略我们所相信的东西的具体内容，并只讨论仅仅出于该行动是正确的而履行正确的行为。
5. 对称性论题同样使得这种说法成为对道德价值不恰当的解释。因为，如果好人是受到特定心理状态的驱使而去做他们应该做的事，那么这种心理状态是规范性的理由，这些理由能说明他们为什么应该如此行动。但是，认为某个行动，比如说遵守承诺，或者仁慈，之所以是道德上被要求的，其理由是因为行动者处于特定的心理状态，这种观点似乎是错误的。
6. 比如，参见 J. McDowell, 'Values and Secondary Qualities', in T. Honderich (ed.) *Morality and Objectivity: A Tribute to J. L. Mackie*, London, Routledge and Kegan Paul, 1985, pp. 110-129, 及 J. Dancy, *Moral Reasons*, Oxford, Blackwell, 1993。

# 1 做正确的事仅仅因为它是正确的

1. 例如参见 C. Korsgaard, 'Kant's Analysis of Obligation: The Argument of *Groundwork I*', in *Creating the Kingdom of Ends*, Cambridge, Cambridge University Press, 1996, Chapter 2, Barbara Herman, 'On the Value of Acting from the Motive of Duty', in *The Practice of Moral Judgment*, Cambridge, MA, Harvard University Press, 1993, Chapter 1，以及 D. Cummiskey, *Kantian Consequentialism*, Oxford, Oxford University Press, 1996, Chapter 2。
2. 本章的论证并没有预设康德认为当且仅当一个行动仅仅出于义务时才具有道德价值。但是，我将在第三章和第六章处理这个问题。
3. 比如，参见 W. D. Ross, *The Right and the Good*, Indianapolis, Hackett, 1988, p. 158。
4. 相关的信念－欲望组合是想要做正确的事情的欲望，以及该行为是正确的这一信念。
5. 事实上有两个主张听起来都是休谟式的：第一个主张是欲望是必要的动机，而第二个主张是只要一个人有行动的动机，就有欲望存在。第一个主张是我不太认同的。第二个主张与欲望不需要成为动机这一观点是一致的。
6. 比如，参见 J. McDowell, 'Are Moral Requirements Hypothetical Imperatives?', *Proceedings of the Aristotelian Society*, vol. 52 (suppl.), 1978, pp. 13–29, T. Nagel, *The Possibility of Altruism*, Princeton, NJ, Princeton University Press, 1979, M. Smith, 'The Humean Theory of Motivation', *Mind*, 1987, vol. 96, pp. 36–61, D. McNaughton, *Moral Vision*, Oxford, Blackwell, 1988, Chapter 7, J. Dancy, 同前文所引，以及 T. Scanlon, *What We Owe to Each Other*, Cambridge, MA, Harvard University Press, 1998, Chapter 1。
7. 参见 P. Foot, 'Morality as a System of Hypothetical Imperatives', in *Virtues and Vices*, Oxford, Blackwell, 1978, pp. 157–173，以及 M. Smith, *The Moral Problem*, Oxford, Blackwell, 1994, pp. 77–84。
8. '"Ought" and Motivation', in W. Sellars and J. Hospers (eds) *Readings in*

*Ethical Theory*, New York, Appleton-Century-Crofts, 1952, p. 503. 因为他把实践理由看作动机，福尔克认为按照"我应当做 Φ"意味着"我有充足的动机做 Φ"这一说法，对"应当"的这一内在分析产生了他所说的动机分析。但这两个分析彼此是独立的，一个人可以接受第一个而不用接受第二个。

9. 同上。
10. 同上。
11. P. Foot, 'Are Moral Considerations Overriding?', in *Virtues and Vices*, Oxford, Blackwell, 1978, p. 182.
12. S. Scheffler, *Human Morality*, Oxford, Oxford University Press, 1992, p. 30.
13. 'Kant's Analysis of Obligation', p. 60.
14. 迈克尔·史密斯似乎坚持了这一原则，见其 'The Argument for Internalism: Reply to Miller', *Analysis*, 1996, vol. 56, no. 3, pp. 182–183。
15. 这并不是说，一个行为如果不是出于它为什么应当被履行的理由而行动，那么它就不能成为理性的。我同意托马斯·斯坎伦（T. Scanlon）的观点，理性包含了"一个人的判断与她/他随之而来的态度之间系统性的联系"（*What We Owe to Each Other*，同前文所引，p. 33）。因此，一个人的行动如果符合了某人有理由做什么的信念，或者至少没有与之冲突，那么它就是理性的。道德与行动的理性之间存在本质联系所需要的是，我们为什么应当如此行动的信念与我们行动的道德价值之间的必然联系。尽管如此，即使砍断这一必要联系与我们应当如此行动的理由之间的关系，也仍然很奇怪。更好的是把这一联系看作感知到要如此行动的理由与某人行动的道德之间的联系。如果这两者之间存在着必然的联系，那么我们应当做 Φ 的理由和为什么做 Φ 在道德上是善的理由之间就存在着必然的联系。
16. 需要感谢安德烈·加卢瓦（André Gallois）提供这个例子。
17. *Ak* IV, 421n/*Gr*, 89n. 我将在第七章论证，如果我们用这种方式来解读绝对命令的测试，也即它不会产生绝对边界约束，那么康德的道德理论看起来就会更合理。
18. 通常人们都同意全能的人不需要有能力改变必然的真理。如果存在完全的义务，这就意味着这样一个主张，即属于这一义务的行为都是义务性的，这是必然的真理。比如，如果遵守承诺是完全的义务，那意味着无论何时任何人只要遵守了承诺他们就做了正确的事。如果存在着这样的义务，一个全能的恶魔无法做任何事来改变相关行为的义务性地位这一事实，并不会削弱他的全能。

19. 论证过这一点的人包括帕顿（H. J. Paton, 'An Alleged Right to Lie: A Problem in Kantian Ethics', *Kant-Studien*, 1953–1954, vol. 45, pp. 190–203），以及科斯嘉德（C. Korsgaard, 'The Right to Lie: Kant on Dealing with Evil', in *Creating the Kingdom of Ends*, Chapter 5）。

20. 当然，存在一个不类似的地方。因为，在幸福这一情况中，无论使得人快乐的是什么都会让此人快乐。但无论使得行为正确的东西是什么都不会让这个行为变得正确。这就产生了一个困难的问题："使得"的关系究竟是什么。但我并不打算在此处理这个问题。

21. 乔纳森·丹西批评了迈克尔·史密斯和这一路线，见其 'Why There is Really No Such Thing as the Theory of Motivation', *Proceedings of the Aristotelian Society*, 1994–1995, vol. 95, pp. 1–18。

22. W. D. Falk, '"Ought" and Motivation', 以及 Bernard Williams, 'Internal and External Reasons', in *Moral Luck: Philosophical Papers 1973–1980*, Cambridge, Cambridge University Press, 1981, pp. 101–113。

23. （2）与（1）不同，因为某人没有判断某个行为是错误的这一事实并不意味着他判定这个行为要么是道德上的要求，要么仅仅是可允许的。某人可能仅仅是无法对其行为的义务性地位形成任何判断。

24. 在行为冲突的情况中，一些通常被视作错误的行为也许会成为道德上的要求。比如，如果一个人能够通过撒谎来帮助他人，他可能会判断撒谎的行为是道德上的要求。由于撒谎通常是错误的，因此合理的假设是，如果一个善良的人判断在某种情况下她应该撒谎，除非她认为这是道德上必要的，否则她就不会撒谎。

25. 某些东西是动机和动机相关之间的区分也有一个优势，即对于非道德情形中的动机，它提出了一个比其他方案更好的解释。比如，如果我们无法做出这一区分，我们就必须说有人相信刷牙并不是致命的，并且她若认为刷牙会致死就不会这么做，而这一信念就是她刷牙的动机性理由之一。更为合理的说法是，刷牙不是致命的这一信念动机上相关，而不是她的动机之一。她的动机性理由可能是像刷牙是照顾牙齿的好办法这一信念，或者在这一信念上加上照顾牙齿的欲望。

26. 'Reason and Motivation', *Proceedings of the Aristotelian Society*, 1997, p. 139.
27. *Some Problems in Ethics*, Oxford, Clarendon Press, 1931, p. 47.
28. 'The Right and the Good', *Philosophia*, 1992, vol. 21, pp. 235–256.
29. 同前文所引，pp. 501–502。
30. 同上书，pp. 503–504。
31. 同上书，p. 504。
32. 'Reasons and Motivation', in *Proceedings of the Aristotelian Society*, 1997, vol. 71 (suppl.), pp. 99–130.
33. 我的观点是肯定的。对这一论证的一个辩护参见 Elijah Millgram, 'Williams' Argument against External Reasons', *Nous*, 1996, vol. 30, pp. 354–388。
34. *The Moral Problem*, pp. 151–177. 史密斯的分析实际上是对规范性理由概念的分析。但既然他认为"某人有规范性的理由做 Φ 就是说存在着规范性的要求让她做 Φ"（p. 95），他对规范性理由的分析也就起到了对规范性要求的分析的作用，因此也是对道德要求的分析。
35. 同上书，p. 95。

## 2 尊重和道德动机

1. *Ak* V, 73/*CPrR*, 76. 另参考 *Ak* V, 75/78, 76/79, 78/81，以及 79/81–82。
2. *Ak* IV, 401n/*Gr*, 69n。
3. 这一点在《道德形而上学》中改变了，他把尊重看作一种道德感受。我之后会回到这一点。
4. *Ak* IV, 401n/*Gr*, 69n，以及 *Ak* V/*CPrR*, Chapter 3。
5. 但是，保罗·盖耶尔（Paul Guyer）在相反的方向上走得太远，他主张："因此尊重的感受是一复合但最终是愉悦的状态，该状态由我们坚守道德法则的决定而产生，并像其他愉悦的感受一样，基于认识到实现我们目标的可能性，但我们的目标不能同时得到满足这一事实反映在其自身的复合性当中。"（1997，p. 360）此外，康德从来没有说过尊重是一种快乐，而是说可以通过类比快乐来理解。

6. *Ak* IV, 400/*Gr*, 68. 同样参见 *Ak* IV, 401n/*Gr*, 69n。
7. *Ak* IV, 436/*Gr*, 103.
8. *Ak* IV, 440/*Gr*, 107.
9. *Ak* V, 76/*CPrR*, 79.
10. 这里我延续了布洛迪（A. Broadie）、派伯斯（E. Pybus）关于这一点的讨论，见其 'Kant's Concept of "Respect"', *Kant-Studien*, 1975, vol. 66, pp. 58–64, 特别是 pp. 59–60。
11. *Ak* IV, 432/*Gr*, 99.
12. *Ak* IV, 401n/*Gr*, 69n.
13. *Ak* V, 73/*CPrR*, 76.
14. 康德把先验的判断、概念或原则描述成必须且普遍有效的（*CPR*, B4-5）。因此，先验的原则"对经验的可能性而言是不可或缺的"（*CPR*, A2/B5）。
15. 布洛迪、派伯斯清楚地说明了这一点，同前文所引，pp. 61–62n。
16. *Ak* V, 76/*CPrR*, 79.
17. 道德感受是"仅仅通过意识到我们的行为与义务的法则一致或者冲突时而感受到愉悦或者不愉悦的易受性"，*Ak* VI, 399/*MM*, 201。
18. *Ak* VI, 399/*MM*, 200.
19. *Ak* VI, 402/*MM*, 203.
20. *Ak* IV, 401n/*Gr*, 69n.
21. 同上。
22. *Ak* VI, 464/*MM*, 256.
23. '*Achtung* in the *Grundlegung*', in Ottfried Höffe (ed.) *Grundlegung zur Metaphysik der Sitten: Ein Kooperativer Kommentar*, Frankfurt am Main, Vittorio Klostermann, 1993, pp. 97–116.

24. 正是出于这一原因，沃尔克说："康德在《奠基》中对 Achtung 的讨论令人困惑。"（1993, p. 98）。
25. *Ak* VI, 464/*MM*, 256（我强调的）。
26. 如果对意志的决定符合道德法则，但是符合的方式是一种感受，这种感受是法则变成意志决定基础必须预设的，并且该行为不是因为法则而发生，那么它有合法性而没有道德（*AK* V, 71/*CPrR*, 74）。
27. 'Motivation and Moral Choice in Kant's Theory of Rational Agency', *Kant-Studien*, 1994, vol. 85, pp. 15–31. 他写道，尊重"具有两方面的动机性态度，一方面是认知性的，另一方面是情感性的"（同上书，p. 25）。"尊重的道德感受会被理性的道德判断所影响，它们在相关的方面很重要。"（同上书，p. 24）但是，麦卡蒂并不是唯一把尊重解读为一种复合的心理状态的人，布洛迪、派伯斯（同前文所引），安德鲁斯·里斯（A. Reath, 'Kant's Theory of Moral Sensibility: Respect for the Moral Law and the Influence of Inclination', *Kant-Studien*, 1989, vol. 80, pp. 284–302），以及阿利森（H. Allison, *Kant's Theory of Freedom*, Cambridge, Cambridge University Press, 1990, p. 123）等持有同样的观点。
28. 同前文所引，pp. 21–23。
29. 同上书，p. 24。
30. 安德鲁斯·里斯采取了该解读，见 Andrews Reath, 'Kant's Theory of Moral Sensibility', pp. 287 ff。
31. 应该注意的是这一困难并不限于我们所考虑的这一解读，它也适用于尊重仅仅是由我们对道德法则的意识所引起的感受这一观点。
32. *Laws of Freedom*, Oxford, Oxford University Press, 1963, p. 181n.
33. *Ak* VI, 402/*MM*, 204.
34. *Ak* IV, 400/*Gr*, 68.
35. *Ak* IV, 412/*Gr*, 80.
36. *Ak* IV, 414/*Gr*, 81.
37. *Ak* IV, 412/*Gr*, 80.
38. *Ak* IV, 413/*Gr*, 80.

39. *Ak* IV, 413/*Gr*, 81.
40. *Ak* VI, 222/*MM*, 49.
41. 这一常见的对康德的解读可以在黑格尔和罗斯那看到。
42. 我论证了这一点，见 'In Defence of the Abstract', *Bulletin of the Hegel Society of Great Britain*, vol. 33, 1996, pp. 42–53。
43. *Ak* IV, 401n/*Gr*, 67.
44. *Ak* IV, 419/*Gr*, 87.
45. *Ak* V, 71/*CPrR*, 74.
46. *Ak* V, 72/*CPrR*, 74. 康德也在《实践理性批判》中多处提到道德法则是道德动机，如第 72/75、75/78、78/81、79/82、88/91 页。
47. L. W. Beck, *A Commentary on Kant's Critique of Practical Reason*, Chicago, University of Chicago Press, 1960, p. 221.
48. 参见 C. Korsgaard, 'Kant's Analysis of Obligation: The Argument of *Groundwork I*', p. 57, Andrews Reath, 'The Categorical Imperative and Kant's Conception of Practical Rationality', *The Monist*, 1989, vol. 72, pp. 384–410, Barbara Herman, 'On the Value of Acting from the Motive of Duty', in *The Practice of Moral Judgment*, Cambridge, MA, Harvard University Press, 1993, p. 11，以及 Marcia Baron, *Kantian Ethics Almost without Apology*, Ithaca, NY, Cornell University Press, 1995, pp. 188–193。
49. *Ak* VI, 23–24/*Rel*, 19.
50. *Ak* IV, 400/*Gr*, 68–69.
51. *Ak* IV, 421n/*Gr*, 88n.
52. *Ak* V, 75f/*CPrR*, 78f.
53. 帕顿建议了这一策略，却最终忽略了它（*The Categorical Imperative: A Study in Kant's Moral Philosophy*, London, Hutchinson's University Library, 1947, p. 66）。
54. *Ak* V, 72/*CPrR*, 74–75.
55. *Ak* IV, 419/*Gr*, 87.
56. *Ak* IV, 401n/*Gr*, 69n.

57. *Ak* IV, 460n/*Gr*, 128n.
58. *Ak* V, 72/*CPrR*, 74.
59. *Ak* IV, 401n/*Gr*, 69n.
60. *Ak* IV, 401n/*Gr*, 69n.
61. *Ak* IV, 401n/*Gr*, 69n.
62. 这一观点最开始由福尔克提出，见 W. D. Falk, '"Ought" and Motivation', in W. Sellars and J. Hospers (eds) *Readings in Ethical Theory*, New York, Appleton-Century-Crofts, 1952, pp. 492–510。也参见 W. Frankena, 'Obligation and Motivation in Recent Moral Philosophy', in A. I. Melden (ed.) *Essays in Moral Philosophy*, Washington, DC, University of Washington Press, 1958, pp. 40–81, C. Korsgaard, 'Skepticism about Practical Reason', in *Creating the Kingdom of Ends*, 1996, pp. 311–334，以及 M. Smith, *The Moral Problem*, Oxford, Blackwell, 1994。本文中我使用的是史密斯的说法（同前文所引，p. 61）。关于反对内在主义的论证，参见 D. Brink, 'Externalist Moral Realism', *Southern Journal of Philosophy*, 1986, vol. 24, *Supplement*, pp. 23–42。
63. *The Moral Problem*, p. 60.

## 3 出于对道德法则的尊重而行动

1. 第二章中论证了这一点。
2. 康德列举了道德法则的多少种表述这一问题存在巨大的争议。对相关文献的讨论，参见我的 'Formulating Categorical Imperatives', *Kant-Studien*, 1993, vol. 83, pp. 317–340。
3. *Ak* IV, 436/*Gr*, 103–104.
4. 参见 C. Korsgaard, 'Kant's Formula of Humanity', in *Creating the Kingdom of Ends*, Cambridge, Cambridge University Press, 1996, pp. 106–132, 以及 P. Guyer, 'The Possibility of the Categorical Imperative', *Philosophical Review*, 1995, vol. 104, pp. 353–385。

5. *Ak* IV, 400/*Gr*, 68.
6. 比如帕顿有时就用这种方式来讨论，参见 *The Categorical Imperative: A Study in Kant's Moral Philosophy*, London, Hutchinson's University Library, 1947, pp. 61–62。
7. *Ak* IV, 400/*Gr*, 68.
8. *Ak* IV, 436–437/*Gr*, 104.
9. 黑格尔和黑格尔主义者经常批评康德的一点是，他主张道德动机不需要讨论目的时，在思维中区分了那些现实中没有区分或者不能区分的东西。他们论证，我们不能把一个行动的目的和行动分开，因为每个行为都有目的。比如参见 *Phenomenology of Spirit*, trans. A. V. Miller, Oxford, Oxford University Press, 1977, pp. 386–387 and p. 377。但是，康德的要点并不是道德上好的行为没有目的，而是它们仅仅在这样一个条件下才是善的：这一目的本身并不激发该行为。
10. 在《实践理性批判》中他说道："无可否认的是每一个意志都必须有一个对象，因此具有内容。"（*Ak* V, 34/*CPrR*, 34）并且在《道德形而上学》中他说道："没有行动不具有目的。"（*Ak* VI, 385/*MM*, 190）
11. *Ak* IV, 403/*Gr*, 71（我强调的）。
12. *Ak* IV, 421/*Gr*, 88. 也参见 *Ak* VI, 392/*MM*, 196。
13. *Ak* IV, 400–401/*Gr*, 68–69. 也参见 *Ak* V, 72/*CPrR*, 74。
14. 参见，如 *Ak* IV, 400/*Gr*, 68–69，*Ak* V, 72/*CPrR*, 74–75，以及 *Ak* V, 72/*CPrR*, 75。
15. *Ak* VI, 403/*MM*, 204.
16. 参见 *Ak* VI, 421ff/*MM*, 218ff。
17. 比如，参见 Onora Nell (O'Neill), *Acting on Principle: An Essay on Kantian Ethics*, New York, Columbia University Press, 1975，以及 Nancy Sherman, *Making a Necessity of Virtue: Aristotle and Kant on Virtue*, Cambridge, Cambridge University Press, 1997, Chapter 7。
18. 部分出于这一原因，邓肯（A. R. C. Duncan, *Practical Reason and Morality*, London, Thomas Nelson and Sons, 1957）、帕顿（H. J. Paton, 'The Aim and

Structure of Kant's *Grundlegung*', *Philosophical Quarterly*, 1958, vol. VIII, pp. 121–125)以及 T. C. 威廉斯（T. C. Williams, *The Concept of the Categorical Imperative*, Oxford, Clarendon Press, 1968, Chapter 7）否认了绝对命令命令了理性行动者必须要履行的行为。邓肯在这一点上尤为激进，以致主张绝对命令仅仅是描述性的。然而，帕顿和 T. C. 威廉斯并没有这么极端。他们认为它是命令性的，但不是那么强意义上的命令，就像一些评论者（如布罗德）所认为的那样。

19. 布罗德（C. D. Broad, *Five Types of Ethical Theory*, London, Routledge & Kegan Paul, 1930, Chapter 5）以及麦金泰尔（Alistair MacIntyre, *After Virtue: A Study in Moral Theory*, London, Duckworth, 1981, Chapter 4）也通过这种方式批评康德。

20. 有时他似乎把绝对命令构想成确定责任和义务是什么的原则。比如，参见 *Ak* V, 8n/*CPrR*, 8n，以及 *Ak* VI, 225/*MM*, 51。也参见 *Ak* IV, 412/*Gr*, 80, *Ak* IV, 420/*Gr*, 88，以及 *Ak* IV, 439/*Gr*, 107。其他一些时候，他把绝对命令理解为构成义务唯一的基础（*Ak* IV, 403/*Gr*, 71），而在另外一些时候，他又用邓肯的那种方式理解绝对命令，将其解读为仅仅是一个测试或者标准。

21. 参考，如 Michael Stocker, 'The Schizophrenia of Modern Ethical Theories', *Journal of Philosophy*, 1976, vol. 73, pp. 453–466, Susan Wolf, 'Morality and Partiality', *Philosophical Perspectives*, 1992, vol. 6, pp. 243–259，以及 Bernard Williams, 'Persons, Character and Morality', in *Moral Luck*, Cambridge, Cambridge University Press, 1981, pp. 14–19。

22. 我会在第六章处理朱迪斯·贝克和亨利·阿利森的主张，也即这一概念是不可理解的。

23. *Ak* V, 72/*CPrR*, 74–75.

24. 此处，我的观点并不是，根据这种出于义务而行动的解释，道德上好的行动者会从自私的动机出发帮助他人。把一个仅仅出于她准则的法则性本质而帮助他人的人描述为自私的似乎并不正确。我的观点是，以这种方式来看待道德动机，未能抓住常识性的观点，即在这种情况下，道德上好的人将被对他人的想法激发。

25. Barbara Herman, 'On the Value of Acting from the Motive of Duty', in *The Practice of Moral Judgment*, Cambridge, MA, Harvard University Press, 1993, pp. 1–22，以及 Marcia Baron, *Kantian Ethics Almost Without Apology*, Ithaca, NY, Cornell University Press, 1995, Chapter 4。
26. 有人可能会认为，旨在促进或符合他人能动性的行动是道德上良好的行动的特殊之处。但是，康德《奠基》第一部分论证的一个关键点是，行动的道德价值并不来自任何目的，而是源于人们旨在实现某种目的的一些理由。如果一个人从某些自我利益或经验性动机出发，履行旨在促进和符合他人能动性的行为，那么他的行动将没有任何道德价值。
27. 当然，这预设了一个人的信念是正确的。一个人可以被错误的信念激发去做那些与他应该去做的事不同的行动，那些错误的信念认为这就是他应该履行的行为。但这预设了是某人应当如此行动的信念，而非事实才是道德动机。我在第二章否认了这一观点。
28. 'On the Value of Acting from the Motive of Duty'，同前文所引，p. 16。
29. 通过这一方式，赫尔曼声称她可以"保留义务动机是普遍存在的这一含义，而不必接受我们所有的行动都必须被看作义务这样的事物这一观点"（同上书，p. 17）。
30. 参考 *Ak* VI, 36/*Rel*, 31。
31. 'On the Value of Acting from the Motive of Duty', p. 17。
32. *Kantian Ethics Almost Without Apology*，同前文所引。
33. 同上书，p. 134。
34. 同上书，p. 131。
35. 巴伦认为，义务在行动者不愿履行她应该履行的行为时，只需要起到主要动机的作用。
36. 我之所以说"从表面上看"，是因为我提供的对"仅仅出于义务而行动"的解释能让人拒绝（3）而不拒绝（1）或（2）。
37. 论证这一点的人往往想到的是康德不太受欢迎的一个观点，即出于利他的动机撒谎的权利。对康德的辩护，参见 Christine Korsgaard, 'The Right to Lie: Kant on Dealing with Evil', in *Creating the Kingdom of Ends*, Cambridge,

Cambridge University Press, 1996, pp. 133–158，以及 H. J. Paton, 'An Alleged Right to Lie: A Problem in Kantian Ethics', *Kant-Studien*, 1953–1954, vol. 45, pp. 190–203。

## 4 出于义务而行动的另一种解释

1. 如果这是正确的，我们不仅可以看到出于义务而行动的标准解释是错误的，还可以看到为什么它是如此普遍的假设。这个错误的不合理之处在于，从一个有善良意志的人只要她认识到自己的义务是什么，她就有充分的理由去做她应当做的事这一事实去论断她认为义务就是这个充分的理由。
2. 我的解释允许行动以更多的方式被多重因素决定，因为一个人的行动可以在次级层面以及主要层面被多重因素决定。由于导致道德差异的是主要层面的多重决定，我在这里只考虑这个问题。我会在第六章回到多重因素决定的行动的问题。
3. *Ak* VI, 456/*MM*, 250.
4. *Ak* IV, 398/*Gr*, 66.
5. 芭芭拉·赫尔曼很好地说明了这一点。她写道："假设，我深夜看到有人正在艺术博物馆后门背着沉甸甸的包袱挣扎着。由于富有同情心的秉性，我感受到去帮助他的直接的倾向。无须深究这个例子，我们就能看到其要点。"（'On the Value of Acting from the Motive of Duty', in *The Practice of Moral Judgment*, Cambridge, MA, Harvard University Press, 1993, p. 5）
6. *Ak* IV, 398–399/*Gr*, 66.
7. 在第二章中，我论证了被激发去按照道德法则的命令行动的必要条件是对道德法则的尊重，但对康德而言这种尊重并不是道德动机。对于道德法则和道德动机之间的关系，本章的后面部分我会有更多的讨论。
8. 比如，有人可能会认为这些只对那些在乎它们或者参与这一实践的人而言是理由。
9. 这一种批判是由伯纳德·威廉斯提出的，见其 'Persons, Character and Morality', in *Moral Luck: Philosophical Papers 1973–1980*, Cambridge,

Cambridge University Press, 1981, p. 18。

10. *Ak* IV, 421/*Gr*, 88.
11. *Ak* IV, 403/*Gr*, 71.
12. 或许是统觉的超验统一。
13. *CPR*, A91–92/B123–124.
14. 参见 M. Friedman, 'Causal Laws and the Foundations of Natural Science', in P. Guyer (ed.) *The Cambridge Companion to Kant*, Cambridge, Cambridge University Press, 1992, p. 171。
15. 同上书，pp. 185–186。
16. *Ak* V, 21/*CPrR*, 19.
17. *Ak* V, 22/*CPrR*, 20.
18. *Ak* V, 21/*CPrR*, 19.
19. J. Silber, 'The Copernican Revolution in Ethics: The Good Reexamined', in Robert Paul Wolff (ed.) *Kant: A Collection of Critical Essays*, Notre Dame, University of Notre Dame Press, 1968, p. 277.
20. *Ak* V, 33/*CPrR*, 33.
21. *Ak* V, 29–30/*CPrR*, 29.
22. 这一区别与康德对理论和实践理性的使用的区分密切相关。我认为我们必须为实践理由找到一个与认识上的理由不同的位置，否则实践理由只能被理解为支持我们应该或不应该以某种方式行动这一信念的理由。但这样一来，我们就无法解释一个人的非理性之处，即这个人根据支持这些信念的理由形成了关于他应该做什么的信念，却从未按照这些信念行动。
23. 这一点可以用理论理性领域的一个类似的区别来说明：某物具有某种属性的理由和相信它具有这种属性的理由。例如，我相信水是热的原因可能是，当我把温度计放在水里时，温度计显示为100摄氏度。很难说这意味着水之所以是热的，是因为温度计显示了100摄氏度；但可以说水之所以是热的，是因为它被放在了电热板上。当然，还有一个不一样的地方，即水热的原因可以通过经验调查发现因果关系并以此来表达，而一些行为正确的原因既不是因果关系，也不能通过经验调查发现。但我的观点是，理论理性中有一个类似于我在实践理由和标准之间所做的区分，而不是说这种类比有多么深刻。
24. 比如，参见 Ak IV, 407–408/Gr, 75 以及 Ak VI, 20/Rel, 16。
25. 参考 O. O'Neill, 'Consistency in Action', in Constructions of Reason: Explorations of Kant's Practical Philosophy, Cambridge, Cambridge University Press, 1989, pp. 81–104。
26. 此处我的结论看起来似乎与康德的建构主义不相容。我将在第七章处理这一反驳。

# 5 填充细节：罗斯的显见义务理论

1. Christine Korsgaard, The Sources of Normativity, Cambridge, Cambridge University Press, 1996, p. 38.
2. The Right and the Good, Indianapolis, Hackett, 1988, pp. 19–20.
3. 同上书，p. 20。
4. 同上。
5. The Foundations of Ethics, Oxford, Clarendon Press, 1939, p. 84. 正因如此，我们很容易有这样的印象，即从某些方面来看，行为是正确的意味着我们会直接假设这是必须履行的行为（同上）。
6. John Searle, 'Prima Facie Obligations', in J. Raz (ed.) Practical Reasoning, Oxford, Oxford University Press, 1978, p. 82.
7. The Foundations of Ethics, p. 85.
8. The Right and the Good, p. 28.
9. 参见，如 S. Kagan, The Limits of Morality, Oxford, Clarendon Press, 1989, p. 17, B. Hooker, 'Ross-style Pluralism versus Rule-consequentialism', Mind, 1996, vol. 105, p. 534n, 以及 J. Dancy, Moral Reasons, Oxford, Blackwell, 1993, p. 180。
10. 因此，比如胡克（Hooker）写道，罗斯的根本原则，"列举了一些一般性的义务，如不伤害他人、不偷窃、不违背承诺、不说谎话，以及公正、对所受恩惠表示感谢、经常为他人做好事等义务。这些一般性的义务是显见的，因为没有一项是绝对的,也就是说,每一项都能为其他义务所颠覆"(1996, p. 534)。

11. *The Right and the Good*, p. 20.
12. *The Foundations of Ethics*, pp. 84–85.
13. 罗斯交替使用"显见义务"(*prima facie* obligatory)、"显见义务"(*prima facie* duty)和"显见正确"(*prima facie* right),因为他认为在一个小的限定条件下(*The Right and the Good*, p. 3),"应该做的""责任""义务"和"权利"这几个词都是指行为的一个相同的品质(同上书, p. 4)。我对此存疑,但这里仍将延续罗斯的做法。
14. 因此,按照罗斯的观点,并不存在绝对禁令、边界约束或者完全的义务。
15. *The Foundations of Ethics*, p. 86. 也参见 *The Right and the Good*, p. 28。
16. 'Ethical Intuitionism', in *Readings in Ethical Theory*, W. Sellars and J. Hospers (eds), New York, Appleton-Century-Crofts, 1952, p. 256. 约翰·塞尔也将这一观点归于罗斯,参见 J. Searle, '*Prima Facie* Obligations', in J. Raz (ed.) *Practical Reasoning*, Oxford, Oxford University Press, 1978, Chapter 5, 以及 J. Dancy, 'Ethical Particularism and Morally Relevant Properties', *Mind*, 1983, vol. 92, pp. 530–547。
17. 这一观点由尤因(A. C. Ewing, *Second Thoughts in Moral Philosophy*, London, Routledge & Kegan Paul, 1959, p. 109)在对斯特劳森的回应中首次提出,其后盖伊(R. Gay, 'Ethical Pluralism: A Reply to Jonathan Dancy', *Mind*, 1985, vol. 94, pp. 250–262)、彼得罗斯基(P. Pietroski, '*Prima Facie* Obligations, Ceteris Paribus Laws in Moral Theory', *Ethics*, 1993, vol. 103, pp. 489–515)也提出了类似的观点。然而,尤因和彼得罗斯将与因果律的类比理解为表达了其他条件等同的规则。这与我现在所考虑的类比不同,但我会在考虑对显见正确性的反事实定义时讨论这一解释。
18. *The Right and the Good*, pp. 28-29. 以及在《伦理学基础》中,他写道:"例如,我们不能说,某一个力作用在一定质量的物体,总能使物体以一定的速度在力的直线上运动;因为物体如果还受到一个同等大小的反作用力,它实际上会保持静止状态;如果它还受到一个第三个方向上的作用力,它

将在一条与二力直线相斜的直线上运动。我们只能说，任何力都倾向于使物体在力的直线上运动。"（p. 86）

19. 伯纳德·威廉斯将被击败的显见义务理解为降低正确行为的正确性是错误的（'Ethical Consistency', *Proceedings of the Aristotelian Society*, 1965, supp. vol. 39, pp. 103–124）。

20. 这是《正确与善》的核心论证，如参见 pp. 3-4。

21. *The Right and the Good*, p. 19.

22. *Five Types of Ethical Theory*, pp. 164–165.

23. *The Foundations of Ethics*, p. 53.

24. 同上书，pp. 52–53。

25. 罗斯指出，它总是适合某人的目的，即使这种恰当性总是涉及某些目的，它也不一定是某人所拥有的。一辆汽车可能是一个合适的，或者说是适合从 A 地到 B 地的方式（无论某人是否想从 A 地到 B 地）。然而，罗斯的观点用于行为的恰当性方面是成立的。如果一个行为在工具性上是合适的，那么它总会适合行动者的某些目的。

26. *The Foundations of Ethics*, p. 54.

27. 同上。

28. 同上。

29. 同上。

30. 同上。

31. 同上书，pp. 54–55。

32. 尤因出于这一理由放弃了恰当性的概念（*Second Thoughts in Moral Philosophy*, p. 94）。

33. *The Foundations of Ethics*, p. 85. 这一概念是卡里特（Carritt）建议他的。

34. 这一定义需要修改。罗斯认为，显见义务是行为的品质，但责任不是行为的特征。因此，显见义务的概念不能理解为一种责任，而应该理解为挑出一个行为所具有的履行责任的特征。那么，按照这种解释，一个行为，说它在某些方面是显见正确的，只是在说它履行了行动者的某些责任，而说它是显见错误的，意味着它未履行一些责任。

35. 这并不是说我们没有从他所说的内容中了解到许多关于这个概念的东西。在其他方面，我们已经了解到，一个行动可以是显见正确的所有方式有一个共同的特点——履行责任，这个特点是行动的一个真实而不仅仅是表面上的特征，并且正确行动的实际正确性是由其显见正确性所决定的。
36. 正是因为这一事实，即行动的某些方面总是具有道德上的重要性，以同样的方式使其反事实主张——如果不存在其他对立的证据性道德考量，显见义务将使行动实际上是正确的——为真，那么这个反事实主张无法像罗斯有时建议的那样，是基本的。
37. 在接下来的部分我会忽略"我的道德信念是错误的"的情况。这不是在逃避这种情况可能带来的困难——我并不认为它们带来了任何困难——而只是为了简洁。

# 6 论出于义务而行动的价值

1. *Ak* IV, 398/*Gr*, 66.
2. *Ak* IV, 398/*Gr*, 66.
3. 比如，这是罗斯在《正确与善》（Indianapolis, Hackett, 1988, Chapter 7）中的观点。
4. 这一版本出自 H. Paton, *The Categorical Imperative: A Study in Kant's Moral Philosophy*, London, Hutchinson, 1947, p. 249。
5. *Ak* VI, 23–24n/*Rel*, 19n.
6. *Ak* IV, 398/Gr, 66.
7. 关于这一问题，一个绝佳的解释出自科斯嘉德，参见 C. Korsgaard, 'Two Distinctions in Goodness', in *Creating the Kingdom of Ends*, Cambridge, Cambridge University Press, 1996, Chapter 9。
8. 'On the Value of Acting from the Motive of Duty', in *The Practice of Moral Judgment*, Cambridge, MA, Harvard University Press, 1993, pp. 3–6.
9. 她问道，假设，"我深夜看到有人正在艺术博物馆后门背着沉甸甸的包袱挣扎着。由于富有同情心的秉性，我感受到去帮助他的直接的倾向。无须

深究这个例子，我们就能看到其要点。"（同上书，p. 5）

10. 同上。
11. 同上书，p. 6。
12. 同上书，p. 4。
13. 比如，参考 H. Paton, *The Categorical Imperative*, p. 40，以及 H. Allison, *Kant's Theory of Freedom*, Cambridge, Cambridge University Press, 1990, p. 109。
14. *Ak* IV, 411/*Gr*, 79.
15. *Ak* IV, 397/*Gr*, 65.
16. *Kant's Theory of Freedom*, p. 113.
17. "做正确的事情的欲望"的从言命题态度（*de dicto*）与从物命题态度（*de re*）之间的区别，大致是指做这些正确的事的欲望和做出那些正确的行为（忠诚、仁慈、感恩等的行为）的欲望之间的区别。以下可以更准确地说明这种区别。将"*de dicto*"解释为"我想做出正确的行为"表示"我想的是：我做正确的事"。把"*de re*"解释为上述意思表示"有一个正确的行为，而我想这样履行该行为：我做出该行为"。参见 W. V. O. Quine 'Quantifiers and Propositional Attitudes', in L. Linsky (ed.) *Reference and Modality*, Oxford, Oxford University Press, 1971, p. 101。
18. 此处沿用了马西娅·巴伦的术语，参见 *Kantian Ethics Almost Without Apology*, Ithaca, NY, Cornell University Press, 1995, p. 151。
19. 参见，如 *Ak* V, 71/*CPrR*, 74，以及 M. Baron，同前文所引，pp. 152–153。
20. 参见 M. Baron，同前文所引，pp. 154–155。
21. *Ak* V, 93/*CPrR*, 96–97.
22. M. Baron，同前文所引，p. 156。
23. M. Baron，同前文所引，pp. 156–157。
24. 我之后会进一步讨论义务是充分的动机意味着什么。
25. 'Do One's Motives Have to be Pure?', in Richard Grandy and Richard Warner (eds) *Philosophical Grounds of Rationality: Intentions, Categories, Ends*, Oxford, Clarendon Press, 1986, pp. 457–473.
26. 朱迪斯·贝克的其他一些例子阐述了混合行动，因此对于我们的目的而言可以忽略。引文出处，同上书，p. 466。
27. 同上书，p. 467。
28. *Kantian Ethics Almost Without Apology*, pp. 188–193.
29. 'Do One's Motives Have to be Pure?', p. 467.
30. 在 'What Kant Might Have Said: Moral Worth and the Overdetermination of Dutiful Action', *Philosophical Review*, 1979, vol. 88, pp. 39–54 中。
31. *Kant's Theory of Freedom*, p. 117.
32. 同上书，pp. 117–118。
33. 阿利森并不想完全否认析取的准则的可能性。但一个合理的析取的准则，它的内容表达了一系列采取目的的条件。同上书，p. 118。
34. 同前文所引，p. 118。
35. *Ak* V, 72/*CPrR*, 74–75.
36. 'On the Value of Acting from the Motive of Duty', p. 10. 亨利·阿利森很好地说明了这一要点："即使一个英勇抵抗两小时折磨的人再受一个小时的折磨就可能屈服，我们也很难否认他的行为不具有道德价值。"（*Kant's Theory of Freedom*, p. 115）
37. 按照赫尔曼的理解，当它仅作为次级动机发挥作用时，它所规范的行为将不被视为道德上的要求，也不可能具有道德价值（'On the Value of Acting From the Motive of Duty', p. 16）。
38. *Ak* VI, 389/*MM*, 193 以及 *Ak* VI, 393/*MM*, 196。
39. 马西娅·巴伦说明了这一点，见其 *Kantian Ethics Almost Without Apology*, p. 165。
40. 这似乎不是康德在《奠基》中的观点，他在该书主张，仁慈的行为可以出于义务而履行（*Ak* IV, 398/*Gr*, 66）。但鉴于他在《道德形而上学》中定义不完全的义务的方式，他承诺了仁慈的行为不可能是道德上善的这一观点。
41. 在《权利论》（*Doctrine of Right*）中，康德对不完全的义务的内容提出了不同的解释。在那里，他认为这些义务要求我们出于某种动机（即道德法则）而做出某种行为（*Ak* VI, 214/*MM*, 42 和 *Ak* VI, 218/*MM*, 46）。但这种观点破坏了符合义务的行动和出于义务的行动的区别。因为如果这种义务要求我们出于义务履行仁慈的行为，那么仅仅按照这种义务行动就已经是出于义务而行动了。

42. 我说"至少较少"是因为有人可能认为会有不同的方式来履行承诺。我如果承诺付你 10 英镑，就可能通过写支票或给现金来实现，也可能在今天的上午、下午或晚上做这些事情。对于履行承诺从而履行我的义务而言，在这些选项中，每一个选项都不比其他任何选项更好，鉴于此，我可以简单地选择我如何履行我的（完全的）义务。

43. 这种容纳自由度的方式似乎会使康德在《道德形而上学》中所描述的权利和美德之间的区别崩溃，但他并不需要这种区别来获取他想要的东西——单纯的外部服从义务和美德之间的区别，他只需要对符合义务的行为和出于义务的行为进行区分。符合义务但不是出于义务的行为，是那些仅仅具有外部合法性的行为，因此它们受制于外部立法。另一方面，有德行的行为是指出于义务的行为，出于自由采取某些准则和原则的行为，除了主体自由的自我立法，它们不受任何形式的外部立法的约束。

# 7 建构主义，自主性和边界约束

1. H. Allison, *Kant's Theory of Freedom*, Cambridge, Cambridge University Press, 1990, p. 7.
2. J. Rawls, 'Kantian Constructivism in Moral Theory', *Journal of Philosophy*, 1980, vol. 77, p. 519.
3. O. O'Neill, 'Constructivism in Ethics', in *Constructions of Reason*, Cambridge, Cambridge University Press, 1989, p. 206.
4. 在罗尔斯（Rawls）那里，程序是一个恰当建构的社会观点，该观点可以为所有人所接受（'Kantian Constructivism in Moral Theory', p. 519），而在斯坎伦那里，我们必须自问我们的行为是否可以通过别人无法合理拒绝的理由来证明是合理的（'Contractualism and Utilitarianism', in A. Sen and Bernard Williams (eds) *Utilitarianism and Beyond*, Cambridge, Cambridge University Press, 1982, p. 116）。

5. 有时罗尔斯会做出一个更温和的主张,即程序仅仅是使我们已有的道德裁决变得更清晰的工具(*A Theory of Justice*, Oxford, Oxford University Press, 1972, pp. 18–19, and p. 21)。
6. 参见 S. Darwall, A. Gibbard and P. Railton, 'Towards Fin *de Siècle* Ethics', *Philosophical Review*, 1992, vol. 101, pp. 137–144。
7. 然而,它不需要成为非自然主义的道德实在论,该理论常常被认为包含了奇怪的道德属性,也不需要成为柏拉图主义,许多建构主义者认为柏拉图主义是没有希望的。
8. 参见,如奥尼尔(Onora O'Neill)《理性的建构》(*Constructions of Reason*)以及斯坎伦《我们彼此有何义务》(*What We Owe to Each Other*, Cambridge, MA, Harvard University Press, 1998)中的建构主义。
9. 参见,如 Onora O'Neill, 'The Public Use of Reason', 同前文所引, Chapter 2, 以及 Christine Korsgaard, *The Sources of Normativity*, Cambridge, Cambridge University Press, 1996,特别是第一讲。
10. 参见 Korsgaard, *The Sources of Normativity*, pp. 32–33。事实上,我认为这误解了实在论的立场,不过这是另一个问题了。
11. 当然,这一做法的成功取决于这样的形式程序能否产生任何真正的实践结论,或者至少是对实践结论的约束。但这是对绝对命令测试可行性的一个相当普遍的担忧,并不限于对康德的建构主义解读。
12. "一位想反对[《奠基》]的批评家提出,当他说其中没有新的道德原则,而只有一个新的公式时,确实比他想的要好。谁会想引入一个新的道德原则,并且(如它的发明者一般)好像世界上至今没有人知道什么是义务,或者对它的认识是完全错误的呢?"(*Ak* V, 8n/*CPrR*, 8n)
13. 如同 L. W. 贝克所指出的,事实上,康德有五种不同的自由概念('Five Concepts of Freedom in Kant', in J. T. J. Srzednick (ed.) *Philosophical Analysis and Reconstruction: A Festschrift to Stephan Körner*, Dordrecht, Martinus Nijhoff, 1987, pp. 35–51),但自发性和自主性是唯一与我们目的相关的概念。
14. *Ak* IV, 446/*Gr*, 114.
15. 参见 H. Allison, *Kant's Theory of Freedom*, p. 88。

16. *Ak* IV, 440/*Gr*, 108.
17. *Ak* IV, 441/*Gr*, 108.
18. *Ak* IV, 440/*Gr*, 108.
19. *Ak* IV, 447/*Gr*, 114.
20. 'On the Supposed Right to Lie from Altruistic Motives', in *Immanuel Kant: Critique of Practical Reason and Other Writings in Moral Philosophy*, trans. L. W. Beck, Chicago, University of Chicago Press, 1949.
21. "在我看来，当我们认识到仁慈的义务时，非邪恶的义务被认为是一个独特的义务，而且从表面上看更具约束力。一般来说，我们不应该认为杀死一个人以维持另一个人的生命，或者从一个人那里偷东西施舍给另一个人是合理的。"（Hackett, 1988, *The Right and the Good*, Indianapolis, p. 22）
22. 同前文所引，p. 35。
23. 同前文所引，p. 30。
24. 康德区分完全的义务与不完全的义务的方式之一是参考例外。他写道，完全的义务"不允许在兴趣的倾向上有任何例外"（*Ak* IV, 421n/*Gr*, 89n），其含义是不完全的义务的确允许这种例外。我认为，这意味着只要我们没有按照完全的义务行动就算犯错，而没有按照不完全的义务行动却不算犯错。如果我没有说真话就是做错了，但我可以不帮助别人，这不算做错了。
25. 边界约束最不合理的就是诚实。康德认为，在诚实和仁慈的冲突中，诚实总是会赢。这可以从他臭名昭著的例子中看出：杀人犯问某人，他的潜在被害人在哪里寻求庇护。康德认为，如果我们不能保持沉默，在这种情况下，我们应该告诉凶手他的被害人在哪里。我们可以肯定，在伦理学上，康德认为在这种情况下我们应该实话实说是大错特错的。也许某些考量确实构成了对我们如何成为仁慈的人的绝对边界约束，但是真诚性的考量虽然重要，却不足以超过一个无辜者无谓的死亡所带来的撒谎的理由的分量。
26. 罗斯通常被不恰当地指责为无法处理这种道德冲突。但这一批评仅仅基于对显见义务这一概念极为粗糙的误解（参见第五章）。
27. 此处，我沿用了奥尼尔的解释，即仅仅将他人当作工具。参见 O. O'Neill, 'Between Consenting Adults', in *Constructions of Reason*, Chapter 6。

28. 例如，帕顿指出，康德只主张完全的义务不允许在倾向的兴趣上出现例外，也就是说，不允许任意的例外。这就留下了一种可能性，即它们确实允许帕顿所说的必要的例外，即不是为了倾向的兴趣，而是由于某种压倒性的义务所做出的例外。帕顿认为，这种压倒一切的义务不一定是完全的义务，也可能是一种不完全的义务（'An Alleged Right to Lie: A Problem in Kantian Ethics', *Kant-Studien*, 1953–1954, vol. 45, p. 192）。更近来看，科斯嘉德试图论证（正当地）对杀人犯撒谎与康德的道德理论是一致的（'The Right to Lie: Kant on Dealing with Evil', in *Creating the Kingdom of Ends*, Chapter 5）。一种非常不同的理解，参见卡米斯基（David Cummiskey）的《康德式后果主义》（*Kantian Consequentialism*, Oxford, Oxford University Press, 1996）。
29. 我提到这一点是因为有人认为罗斯是某种类型的后果主义者。

## 8 结论：绝对普遍原则和情境敏感性

1. 参见拙作 'In Defence of the Abstract', *Bulletin of the Hegel Society of Great Britain*, 1996, vol. 33, pp. 42–53。
2. 此处，我想的是乔纳森·丹西所提出的特殊主义（'An Unprincipled Morality'，未出版）。
3. 摩尔的这一区分，见其 *Ethics*, London, Oxford University Press, 1966, p. 130。但是，"贡献价值"这一术语并非出自摩尔，而是罗斯的（*The Right and the Good*, Indianapolis, Hackett, 1988, p. 72）。

# 参考文献

Allison, A., *Kant's Theory of Freedom*, Cambridge, Cambridge University Press, 1990.

——, *Idealism and Freedom: Essays on Kant's Theoretical and Practical Philosophy*, Cambridge, Cambridge University Press, 1996.

Ameriks, K., 'Kant on the Good Will', Ottfried Höffe (ed.) *Grundlegung zur Metaphysik der Sitten: Ein Kooperativer Kommentar*, Frankfurt am Main, Vittorio Klostermann, 1993, pp. 45–65.

Aune, B., *Kant's Theory of Morals*, Princeton, NJ, Princeton Univerity Press, 1979.

Baker, J., 'Do One's Motives Have to be Pure?', in Richard Grandy and Richard Warner (eds) *Philosophical Grounds of Rationality: Intentions, Categories, Ends*, Oxford, Clarendon Press, 1986, pp. 457–473.

Baron, M., *Kantian Ethics Almost without Apology*, Ithaca, NY, Cornell University Press, 1995.

Beck, L. W., *A Commentary on Kant's Critique of Practical Reason*, Chicago, University of Chicago Press, 1960.

——, 'Five Concepts of Freedom in Kant', in J. T. J. Srzednick (ed.) *Philosophical Analysis and Reconstruction: A Festschrift to Stephan Körner*, Dordrecht, Martinus Nijhoff, 1987, pp. 35–51.

Benson, P., 'Moral Worth', *Philosophical Studies*, 1987, vol. 51, pp. 365–382.

Bittner, R., 'Maximen', in G. Funke and J. Kopper (eds) *Akten des 4. Internationalen Kant-Kongresses, Mainz, 6–10 April 1974*, 1974, pp. 485–498.

Blum, L., *Friendship, Altruism and Morality*, London, Routledge & Kegan Paul, 1980.

Brink, D., 'Externalist Moral Realism', *Southern Journal of Philosophy*, 1986, vol.

24, Supplement, pp. 23–42.

Broad, C. D., *Five Types of Ethical Theory*, London, Routledge & Kegan Paul, 1930.

Broadie A. and Pybus, E., 'Kant's Concept of "Respect" ', *Kant-Studien*, 1975, vol. 66, pp. 58–64.

Broome, J., 'Reason and Motivation', *Proceedings of the Aristotelian Society*, 1997, vol. 71 (suppl.), pp. 131–146.

Carnois, B., *The Coherence of Kant's Doctrine of Freedom*, trans. D. Booth, Chicago, University of Chicago Press, 1987.

Cummiskey, D., *Kantian Consequentialism*, Oxford, Oxford University Press, 1996.

Dancy, J. 'Ethical Particularism and Morally Relevant Properties', *Mind*, 1983, vol. 92, pp. 530–547.

——, *Moral Reasons*, Oxford, Blackwell, 1993.

——, 'Why There is Really No Such Thing as the Theory of Motivation', *Proceedings of the Aristotelian Society*, 1994–1995, vol. 95, pp. 1–18.

——, 'An Unprincipled Morality', unpublished paper.

Darwall, S., Gibbard A. and Railton, P., 'Towards *Fin de Siècle* Ethics', *Philosophical Review*, 1992, vol. 101, pp. 115–189.

Dietrichson, P., 'What does Kant Mean by "Acting from Duty"?', in R. P. Wolff (ed.) *Kant: A Collection of Critical Essays*, Notre Dame, University of Notre Dame Press, 1968, pp. 315–330.

Duncan, A. R. C., *Practical Reason and Morality*, London, Thomas Nelson and Sons, 1957.

Ewing, A. C., *Second Thoughts in Moral Philosophy*, London, Routledge & Kegan Paul, 1959.

Falk, W. D., ' "Ought" and Motivation', in W. Sellars and J. Hospers (eds) *Readings in Ethical Theory*, New York, Appleton-Century-Crofts, 1952, pp. 492–510.

Foot, P., 'Morality as a System of Hypothetical Imperatives', in *Virtues and Vices*,

Oxford, Blackwell, 1978a.

———, 'Are Moral Considerations Overriding?', in *Virtues and Vices*, Oxford, Blackwell, 1978b.

Förster, E. (ed.) *Kant's Transcendental Deductions: The Three Critiques and the 'Opus Postumum'*, Stanford, CA, Stanford University Press, 1989.

Frankena, W., 'Obligation and Motivation in Recent Moral Philosophy', in A. I. Melden (ed.) *Essays in Moral Philosophy*, Washington, DC, University of Washington Press, 1958.

Friedman, M., 'Causal Laws and the Foundations of Natural Science', in P. Guyer (ed.) *The Cambridge Companion to Kant*, Cambridge, Cambridge University Press, 1992, pp. 161–199.

Funke, G., and Kopper, J. (eds) *Akten des 4. Internationalen Kant-Kongresses, Mainz, 6–10 April 1974*, Berlin, de Gruyter, 1974.

Garcia, J. L. A., 'The Right and the Good', *Philosophia*, 1992, vol. 21, pp. 235–256.

Gay, R., 'Ethical Pluralism: A Reply to Jonathan Dancy', *Mind*, 1985, vol. 94, pp. 250–262.

Gregor, M., *Laws of Freedom*, Oxford, Oxford University Press, 1963.

Guyer, P., *The Cambridge Companion to Kant*, Cambridge, Cambridge University Press, 1992.

———, 'The Possibility of the Categorical Imperative', *Philosophical Review*, 1995, vol. 104, pp. 353–385.

———, *Kant and the Experience of Freedom*, Cambridge, Cambridge University Press, 1997.

Harbison, W. G., 'The Good Will', *Kant-Studien*, 1980, vol. 71, pp. 47–59.

Hegel, G. W. F., *Phenomenology of Spirit*, trans. A. V. Miller, Oxford, Oxford University Press, 1977.

Henson, R., 'What Kant Might Have Said: Moral Worth and the Overdetermination of Dutiful Action', *Philosophical Review*, 1979, vol. 88, pp. 39–54.

Herman, B., *The Practice of Moral Judgment*, Cambridge, MA, Harvard University

Press, 1993.

———, 'On the Value of Acting from the Motive of Duty', in *The Practice of Moral Judgment*, Cambridge, MA, Harvard University Press, 1996, pp. 1–22.

Hill, T., 'Kant on Imperfect Duty and Supererogation', *Kant-Studien*, 1971, vol. 62, pp. 55–76.

———, 'Kant's Argument for the Rationality of Moral Conduct', *Pacific Philosophical Quarterly*, 1985, vol. 66, pp. 3–23.

Hinman, L., 'On the Purity of Moral Motives: A Critique of Kant's Account of the Emotions and Acting for the Sake of Duty', *The Monist*, 1983, vol. 66, pp. 251–266.

Höffe, O., 'Kants kategorischer Imperativ als Kriterium des Sittlichen', in O. Höffe (ed.) *Ethik und Politik*, Frankfurt, Suhrkamp, 1979, pp. 84–119.

Hooker, B., 'Ross-style Pluralism versus Rule-consequentialism', *Mind*, 1996, vol. 105, pp. 531–552.

Joseph, H. W. B., *Some Problems in Ethics*, Oxford, Clarendon Press, 1931.

Kagan, S., *The Limits of Morality*, Oxford, Clarendon Press, 1989.

Körner, S., *Kant*, Harmondsworth, Penguin, 1955.

Korsgaard, C., *Creating the Kingdom of Ends*, Cambridge, Cambridge University Press, 1996a.

———, *The Sources of Normativity*, Cambridge, Cambridge University Press, 1996b.

———, 'Kant's Analysis of Obligation: The Argument of *Groundwork I*', in *Creating the Kingdom of Ends*, Cambridge, Cambridge University Press, 1996c, pp. 43–76.

———, 'Skepticism about Practical Reason', in *Creating the Kingdom of Ends*, Cambridge, Cambridge University Press, 1996d, pp. 311–334.

———, 'Kant's Formula of Humanity', in *Creating the Kindom of Ends*, Cambridge, Cambridge University Press, 1996e, pp. 106–132.

———, 'The Right to Lie: Kant on Dealing with Evil', in *Creating the Kindom of Ends*, Cambridge, Cambridge University Press, 1996f, pp. 133–158.

——, 'Two Distinctions in Goodness', in *Creating the Kingdom of Ends*, Cambridge, Cambridge University Press, 1996g, Chapter 9.

Louden, R. B., 'Kant's Virtue Ethics', *Philosophy*, 1986, vol. 61, pp. 473–489.

McCarty, R., 'Motivation and Moral Choice in Kant's Theory of Rational Agency', *Kant-Studien*, 1994, vol. 85, pp. 15–31.

McDowell, J., 'Are Moral Requirements Hypothetical Imperatives?', *Proceedings of the Aristotelian Society*, vol. 52 (suppl.), 1978, pp. 13–29.

——, 'Values and Secondary Qualities', in T. Honderich (ed.) *Morality and Objectivity: A Tribute to J. L. Mackie,* London, Routledge and Kegan Paul, 1985, pp. 110–129.

MacIntyre, A., *After Virtue: A Study in Moral Theory*, London, Duckworth, 1981.

McNaughton, D., *Moral Vision*, Oxford, Blackwell, 1988.

Millgram, E., 'Williams' Argument Against External Reasons', *Nous*, 1996, vol. 30, pp. 354–388.

Moore, G. E., *Principia Ethica*, Cambridge, Cambridge University Press, 1994.

——, *Ethics*, London, Oxford University Press, 1966.

Nagel, T., *The Possibility of Altruism*, Princeton, NJ, Princeton University Press, 1979.

Nell (O'Neill), O., *Acting on Principle: An Essay on Kantian Ethics*, New York, Columbia University Press, 1975.

O'Connor, D., 'Good and Evil Disposition', *Kant-Studien*, 1985, vol. 76, pp. 288–302.

O'Neill, O., *Constructions of Reason: Explorations of Kant's Practical Philosophy*, Cambridge, Cambridge University Press, 1989a.

——, 'Consistency in Action', in *Constructions of Reason: Explorations of Kant's Practical Philosophy*, Cambridge, Cambridge University Press, 1989b, pp. 81–104.

——, 'The Public Use of Reason', in *Constructions of Reason: Explorations of Kant's Practical Philosophy*, Cambridge: Cambridge University Press, 1989c, pp.

28–50.

——, 'Between Consenting Adults', in *Constructions of Reason: Explorations of Kant's Practical Philosophy*, Cambridge: Cambridge University Press, 1989d, Chapter 6.

Parfit, D., 'Reasons and Motivation', in *Proceedings of the Aristotelian Society*, 1997, vol. 71 (suppl.), pp. 99–130.

Paton, H. J., *The Categorical Imperative: A Study in Kant's Moral Philosophy*, London, Hutchinson's University Library, 1947.

——, 'An Alleged Right to Lie: A Problem in Kantian Ethics', *Kant-Studien*, 1953–1954, vol. 45, pp. 190–203.

——, 'The Aim and Structure of Kant's *Grundlegung*', *Philosophical Quarterly*, 1958, vol. VIII, pp. 121–125.

Pietroski, P., '*Prima Facie* Obligations, Ceteris Paribus Laws in Moral Theory', *Ethics*, 1993, vol. 103, pp. 489–515.

Quine, W. V. O., 'Quantifiers and Propositional Attitudes', in L. Linsky (ed.) *Reference and Modality*, Oxford, Oxford University Press, 1971, pp. 101–111.

Rawls, J., *A Theory of Justice*, Oxford, Oxford University Press, 1972.

——, 'Kantian Constructivism in Moral Theory', *Journal of Philosophy*, 1980, vol. 77, pp. 515–572.

Raz, J. (ed.) *Practical Reasoning*, Oxford, Oxford University Press, 1978.

Reath, A., 'Hedonism, Heteronomy and Kant's Principle of Happiness', *Pacific Philosophical Quarterly*, 1989a, vol. 70, pp. 42–72.

——, 'Kant's Theory of Moral Sensibility: Respect for the Moral Law and the Influence of Inclination', *Kant Studien*, 1989b, vol. 80, pp. 284–302.

——, 'The Categorical Imperative and Kant's Conception of Practical Rationality', *The Monist*, 1989c, vol. 72, pp. 384–410.

Ross, W. D., *The Foundations of Ethics*, Oxford, Clarendon Press, 1939.

——, *Kant's Ethical Theory*, Oxford, Clarendon Press, 1954.

——, *The Right and the Good*, Indianapolis, Hackett, 1988.

Scanlon, T., 'Contractualism and Utilitarianism', in A. Sen and B. Williams (eds) *Utilitarianism and Beyond*, Cambridge, Cambridge University Press, 1982, pp. 103–128.

——, *What We Owe to Each Other*, Cambridge, MA, Harvard University Press, 1998.

Scheffler, S., *Human Morality*, Oxford, Oxford University Press, 1992.

Searle, J., '*Prima Facie* Obligations', in J. Raz (ed.) *Practical Reasoning*, Oxford, Oxford University Press, pp. 81–90.

Sherman, N., *Making a Necessity of Virtue: Aristotle and Kant on Virtue*, Cambridge, Cambridge University Press, 1997.

Silber, J., 'The Copernican Revolution in Ethics: The Good Reexamined', in R. P. Wolff (ed.) *Kant: A Collection of Critical Essays*, Notre Dame, University of Notre Dame Press, 1968, pp. 266–290.

——, 'The Ethical Significance of Kant's Religion', Introduction to *Religion Within the Limits of Reason Alone*, trans. T. M. Grene and H. H. Hudson, New York, Harper & Row, 1960, pp. lxxix–cxxxvii.

——, 'The Highest Good in Kant's Ethics', *Ethics*, 1963, vol. 73, pp. 179–197.

Singer, M., *Generalization in Ethics*, New York, Alfred A. Knopf, 1961.

Smith, M., 'The Humean Theory of Motivation', *Mind*, 1987, vol. 96, pp. 36–61.

——, *The Moral Problem*, Oxford, Blackwell, 1994.

——, 'The Argument for Internalism: Reply to Miller', *Analysis*, 1996, vol. 56, no. 3, pp. 175–184.

Stocker, M., 'The Schizophrenia of Modern Ethical Theories', *Journal of Philosophy*, 1976, vol. 73, pp. 453–466.

Stratton-Lake, P., 'Formulating Categorical Imperatives', *Kant-Studien*, 1993, vol. 83, pp. 317–340.

——, 'In Defence of the Abstract', *Bulletin of the Hegel Society of Great Britain*, vol. 33, 1996, pp. 42–53.

Strawson, P., 'Ethical Intuitionism', in W. Sellars and J. Hospers (eds) *Readings in Ethical Theory*, New York, Appleton-Century-Crofts, 1952, pp. 250–259.

Walker, R., *Kant*, London, Routledge & Kegan Paul, 1978.

——, '*Achtung in the Grundlegung*', in O. Höffe (ed.) *Grundlegung zur Metaphysik der Sitten: Ein Kooperativer Kommentar*, Frankfurt am Main, Vittorio Klostermann, 1993, pp. 97–116.

Williams, B., 'Ethical Consistency', *Proceedings of the Aristotelian Society*, 1965, suppl. vol. 39, pp. 103–124.

——, 'Internal and External Reasons', in *Moral Luck: Philosophical Papers 1973–1980*, Cambridge, Cambridge University Press, 1981a, pp. 101–113.

——, 'Persons, Character and Morality', in *Moral Luck*, Cambridge, Cambridge University Press, 1981b, pp. 14–19.

Williams, T. C., *The Concept of the Categorical Imperative*, Oxford, Clarendon Press, 1968.

Wolf, S., 'Moral Saints', *Journal of Philosophy*, 1982, vol. 79, pp. 419–438.

——, 'Morality and Partiality', *Philosophical Perspectives*, 1992, vol. 6, pp. 243–259.

Wolff, R. P. (ed.) *Kant: A Collection of Critical Essays*, Notre Dame, University of Notre Dame Press, 1968.

Wood, A., 'Kant's Compatibilism', in A. Wood (ed.) *Self and Nature in Kant's Philosophy*, Ithaca, NY, Cornell University Press, 1984, pp. 73–101.

——, 'The Emptiness of the Moral Will', *The Monist*, 1989, vol. 73, pp. 454–483.

Yovel, Y., *Kant and the Philosophy of History*, Princeton, NJ, Princeton University Press, 1968.

# 索　引（所有数字为本书边码）

absolute side constraints，绝对边界约束，8f, 121–124, 125, 132, 140, 144
abstraction，抽象，127
akrasia，意志软弱，17
Allison, H.，亨利·阿利森，97, 103f, 112, 135, 137, 141, 142, 143, 144
Aristotelians，亚里士多德主义者，2, 10, 11
autonomy，自主性，8, 117–121, 125, 144

Baker, J.，朱迪斯·贝克，101–103, 104, 137, 142
Baron, M.，马西娅·巴伦，5, 29, 55–57, 61, 62, 100f, 135, 137, 142
Beck, L. W.，L. W. 贝克，39, 135, 144
beneficent actions，仁慈的行为，6, 7f, 108f
Brink, D.，布林克，136
Broad, C. D.，布罗德，85, 137
Broadie, A.，布洛迪，134
Broome, J.，约翰·布鲁姆，23f

Carritt, E. F.，卡里特，141
causality，因果性 / 因果关系，68–70
common sense，常识，9, 26, 127
commitment to morality，对道德的承诺，62, 65, 66f, 76, 107
concrete moral considerations，具体的道德考量，1, 2, 5f, 9f, 13, 62, 78, 90, 113, 117ff, 126
consequentialism，后果主义，124, 145

constructivism，建构主义，8, 112–117, 125, 139；
　different varieties of，~不同的变种，113–115
counterfactuals，反事实，22f
Cummiskey, D.，卡米斯基，131, 145

Dancy, J.，乔纳森·丹西，131, 132, 133, 139, 140, 145
Darwall, S.，达沃尔，143
de dicto desire to do the right thing，做正确事情的直接欲望，97f, 141f
Descartes, R.，笛卡尔，102
Duncan, A. R. C.，邓肯，136
duty as primary and secondary motive，~作为主要动机和次级动机，53–57

evidential moral considerations，证据性道德考量，1, 14f, 20, 88f, 122
Ewing, A. C.，尤因，140

Falk, W. D.，福尔克，12, 21, 25, 132, 133, 135
Foot, P.，菲利帕·福特，14, 88, 132
Frankena, W.，弗兰克纳，135
Friedman, M.，弗里德曼，138

Gallois, A., 安德烈·加卢瓦, 132
Garcia, J. L. A., 豪尔赫·加西亚, 24
Gay, R., 盖伊, 140
Gibbard, A., 吉伯德, 143
Guyer, P., 保罗·盖耶尔, 134

Hegel, 黑格尔, 135, 136
Herman, B., 芭芭拉·赫尔曼, 5, 7, 29, 54f, 62, 94f, 97, 105ff, 131, 135, 137, 138, 142
Hooker, B., 胡克, 139
hybrid actions, 混合行动, 99
holy will, 神圣意志, 32

ideal rational self, 理想的理性自我, 26
imperfect duties, 不完全的义务, 8, 9, 108f, 142, 144;
  and latitude, ~以及自由度, 8, 109
internalism, 内在主义, 43f, 132, 136

Joseph, H. W. B., 贺拉斯·约瑟夫, 24

Kagan, S., 卡根, 139
Korsgaard, C., 克里斯蒂娜·科斯嘉德, 16, 20, 79, 131, 132, 135, 136, 138, 139, 141, 143, 145

latitude, 自由度, 8, 143

MacIntyre, A., 麦金泰尔, 137

maxims, 准则, 50, 73, 75, 118
McCarty, R., 理查德·麦卡蒂, 34, 36, 39, 134
McDowell, J., 麦克道威尔, 3, 12ff, 61, 62, 131, 132
McNaughton, D., 麦克诺顿, 132
Milligram, E., 米勒格拉, 133
Moore, G. E., 摩尔, 128f, 145
morality and rationality, 道德与理性, 3, 11, 17, 19, 28, 29, 51, 60
moral feeling, 道德感受, 2, 3, 30, 133, 134;
  and conscious of the moral law, ~以及对道德法则的意识, 30, 35, 36–39;
  analogy with other feelings, ~与其他感受的类比, 31;
  knowable *a priori*, 先验地知道~, 35
moral interest, 道德兴趣, 41f, 95, 97
moral law, 道德法则:
  consciousness of, 对~的意识, 2, 3, 29–44;
  criterial conception of, ~的标准性概念, 4f, 8, 49, 73–76, 77, 78, 111, 116;
  as ground of duty, ~作为义务基础, 45, 47f;
  justificatory conception of, ~的辩护性概念, 4f, 57–59, 62, 67, 73f, 79, 116, 127ff;
  as necessitating finite wills, ~作为有限意志的必要性, 37;
  as objective determinant of moral actions, ~作为道德行动的客观决定项, 40ff;
  and permissible actions, ~和可允许的行为, 50;
  as self-constraint, ~作为自我约束, 38;

as sole motive of good actions, ～作为善的行动的唯一动机, 4, 39ff, 60f；
transcendental conception of, ～的超验性概念, 4, 8f, 67–73, 76, 78, 90, 111, 127ff；
three formulations of, ～的三种表述, 45, 46

moral mativation, 道德动机, 2, 33；
and acting from a formal principle, ～和出于形式化的原则行动, 46ff；
and explicitly moral thoughts, ～和明确的道德想法, 67；
and inclination, ～和倾向, 93f；
and internalism, ～和内在主义, 43f；
and the needs of others, ～和他人的需求, 51–57

moral phenomenology, 道德现象学, 127f

moral value/worth, 道德价值, 1, 2, 11, 39；
and beneficent actions, ～和仁慈的行为, 6, 108f；
and overdetermined actions, ～和多重因素决定的行动, 6, 99–108；
as reason to act, ～作为行动的理由, 24f；
and rightness, ～和正确性, 96f；
and symmetry thesis, ～和对称性论题, 7

motives, 动机, 39f, 102；
and motivational relevance, ～和动机相关性, 133

Nagel, T., 内格尔, 132
necessity, 必然性：

and obligation, ～和义务, 4, 70, 71–73, 111；
and the good, ～和"善", 71–73

needs of others, 他人的需求, 4, 45, 51, 61, 62, 64；
and moral motivation, ～和道德动机, 51–57

Nell (O'Neill), O., 奥尼尔, 136

nonaccidental relation to rightness, 与正确性非偶然的联系, 6f, 56f, 62, 65f, 94–99

O'Neill, O., 奥尼尔, 139, 143, 144
organic wholes, 有机整体, 128f
'ought' analysis of, 对"应当"的分析, 25–27；
external sense of, 外在意义上的～, 25f；
internal sense of, 内在意义上的～, 26；
motivational sense of, 动机意义上～, 26

overdetermined actions, 多重因素决定的行动, 6, 7, 51f, 99–108, 138；
distinguished from hybrid actions, ～与混合行动的区分, 99；
the intelligibility of, ～的可理解性, 101–105；
and maxims, ～和准则, 103f；
and rationality, ～和理性, 102f；
weak and strong sense of, 弱和强意义上的～, 105ff

Parfit, D., 帕菲特, 26

particularism, 特殊主义, 2, 9f, 128–130, 145

Paton, H. J., 帕顿, 96, 132, 135, 136, 138, 141, 144

perfection, 完美, 72

Plato, 柏拉图, 127

Pietroski, P., 彼得罗斯基, 140

practical reason, 实践理由, 23f

*prima facie* duties, 显见义务, 5f, 78–91, 112, 121, 126, 139, 140, 144;
  and actual duty, ~ 和实际义务, 79f;
  and compunction, ~ 和内疚, 81;
  counterfactual account of, 反事实的解释的, 84f;
  and fittingness, ~ 和"合适", 82, 85–87, 89, 140;
  and responsibilities, ~ 和责任, 82, 87, 141;
  as tendency, ~ 作为倾向, 82–84;
  as theory of normative moral reasons, ~ 作为规范性道德理由的理论, 6, 87–89, 91, 112

primary and secondary motives, 主要动机和次级动机, 5, 29, 61ff, 76, 89, 90

*pro tanto* duties, 限度内义务, 81

Pybus, E., 派伯斯, 134

Quine, W. V. O., 蒯因, 142

Railton, 雷尔顿, 143

Rawls, J., 罗尔斯, 143

reason(s), 理由:
  for doing what we should, 做我们应该做的事的 ~, 1, 3, 9, 11–28, 29, 60, 62f, 78, 112, 118;
  categorical imperative as, 绝对命令作为 ~, 45;
  epistemic, 知识性的/认识上的 ~, 5, 13f, 15, 74f, 77, 138f;
  moral, 道德 ~, 6, 78, 90;
  normative and motiviating, 规范性 ~ 和动机性, 1, 20–22, 26, 27;
  and value, ~ 和价值, 129f

Reath, A., 安德鲁斯·里斯, 134, 135

reciprocity thesis, 互惠性论题, 8, 119, 125

respect, 尊重, 3, 60, 135;
  knowable *a priori*, 先验地知道 ~, 32, 35;
  as a complex state, ~ 作为一种复合的状态, 30, 34–36, 60, 134;
  as consciousness of the moral law, ~ 作为对道德法则的意识, 32f;
  as a feeling, ~ 作为一种感受, 30f, 32, 133, 134;
  and the holy will, ~ 和神圣意志, 32;
  and moral interest, ~ 和道德兴趣, 41f;
  the object of, ~ 的对象, 31f;
  and reverence, ~ 和敬重, 3, 36, 60;
  as a state of being morally motivated, ~ 作为在道德上被激发的状态, 42

reverence, 敬重, 2, 3;
  and respect, ~ 和尊重, 3, 36, 60;
  and consciousness of the moral law, ~ 和对道德法则的意识, 3, 32f

Ross, W. D., 罗斯, 5f, 78–91, 112, 121ff, 125, 126, 131, 135, 140, 141, 144, 145

Scanlon, T., 托马斯·斯坎伦, 132, 143
scepticism, 怀疑论, 116f
Scheffler, S., 谢弗勒, 132
Schiller, F., 席勒, 93f
Searle, J., 约翰·塞尔, 80f, 139, 140
Sherman, N., 谢尔曼, 136
Silber, J., 西尔伯, 138
Smith, M., 史密斯, 25, 26f, 43f, 132, 133, 136
spontaneity, 自发性, 8, 118, 144
Stocker, M., 斯托克, 137
Strawson, P., 彼得·斯特劳森, 82f, 140
subjective and objective determinant of the will, 意志的主观和客观决定项, 40–42
sufficiency of the motive of duty, 义务动机的充分性, 7, 142
symmetry thesis, 对称性论题, 3, 4, 5, 16, 21, 48, 49, 57, 60, 61, 66, 78, 90, 98, 107, 110, 112, 119f, 131;
  modified version of, 修正版本的 ~, 27;
  and motivating and normative reasons, ~ 与动机性理由和规范性理由, 20–22
sympathy, 同情, 55, 63f, 92f;
  as condition of moral worth, ~ 作为道德价值的条件, 64;
  as secondary motive, ~ 作为次级动机, 63f

treating others merely as means, 仅仅将他人当作工具, 123f

universal principles, 普遍原则, 2, 128ff

value, 价值:
  of acting from duty, 出于义务而行动的 ~, 92–110;
  conditional, 有条件的 ~, 94;
  contributive, 贡献 ~, 129, 145;
  empiricist conception of, 经验主义的 ~ 概念, 71f;
  intrinsic, 内在 ~, 129f;
  rationalist conception of, 理性主义的 ~ 概念, 72f

Walker, R., 拉夫·沃尔克, 33, 34, 134
Williams, B., 伯纳德·威廉斯, 21, 133, 137, 138, 140
Williams, T. C., T. C. 威廉斯, 136f
Wolf, S., 沃尔夫, 137

图书在版编目(CIP)数据

康德、义务与道德价值 /(英)菲利普·斯特拉顿－莱克著；钟世文译. -- 北京：商务印书馆，2025.（社会思想丛书）. -- ISBN 978-7-100-24593-7

Ⅰ. B516.31；B82

中国国家版本馆 CIP 数据核字第 2024S5T443 号

**权利保留，侵权必究。**

社会思想丛书
**康德、义务与道德价值**
〔英〕 菲利普·斯特拉顿－莱克 著
钟世文 译

商 务 印 书 馆 出 版
（北京王府井大街36号 邮政编码100710）
商 务 印 书 馆 发 行
北京盛通印刷股份有限公司印刷
ISBN 978-7-100-24593-7

2025年6月第1版　　开本 880×1240 1/32
2025年6月第1次印刷　　印张 8⅛
定价：78.00元